Julian Nida-Rümelin
Nathalie Weidenfeld
Die Realität des Risikos

INHALT

VORWORT VON
JULIAN NIDA-RÜMELIN

In meiner Schulzeit wurde mein Interesse an Logik, Mathematik und Physik geweckt. Und so nahm ich mir vor, Physiker zu werden. Aber die Philosophie interessierte mich ebenso, angeregt durch Texte, die wir im Griechisch-Unterricht lasen, und so habe ich mich zu einem Doppelstudium entschlossen. Noch mitten im Studium ergab sich für mich die Chance, in Philosophie bei dem Wissenschaftstheoretiker Wolfgang Stegmüller zu promovieren. Es wurde eine Dissertation über das Verhältnis von *Entscheidungstheorie und Ethik* (Utz 2004, 2., erw. Auflage). Dieses Thema hat mich bis heute nicht mehr losgelassen. Meine Habilitationsschrift zur *Kritik des Konsequentialismus* (1993) wies die These zurück, dass es immer rational sei, die Folgen des Handelns zu optimieren – ein Thema, das in dem im Anhang abgedruckten *SZ*-Interview vom 23. Mai 2020 eine wichtige Rolle spielt. Kürzlich habe ich *Eine Theorie praktischer Vernunft* (De Gruyter 2020) vorgelegt, die das Moralische und das Rationale integriert.

Um Risiken zu erfassen, sind Zahlen, ja gelegentlich sogar anspruchsvolle Mathematik, unumgänglich. Ich weiß wohl, dass höhere Mathematik nicht zur Allgemeinbildung zählt, und dennoch ist sie für die genaue Analyse unverzichtbar. Das Mathematische und Logische spielt auch für dieses Buch eine Rolle, sollte aber die Lektüre nicht erschweren. Wer sich für die wissenschaftliche Dimension interessiert, kann auf andere Publikationen von mir verwiesen werden: *Logik kol-*

lektiver Entscheidungen (1994), *Angewandte Ethik* (2005), *Risikoethik* (2012) oder *Structural Rationality and Other Essays on Practical Reason* (2018).

Empirische Studien zeigen, dass weder Individuen noch Gesellschaften im Umgang mit Risiken rational, geschweige denn moralisch akzeptabel agieren. Aber was sind die richtigen Kriterien für menschliches Handeln in Risikosituationen? Lässt sich ein allgemeines Verständnis für Risiken entwickeln und Orientierung für die Praxis geben? Diese Themen hatten von den 1970er-Jahren bis in die 1990er-Jahre Konjunktur. Die Öffentlichkeit befasste sich intensiv mit den Risiken der Kernenergienutzung, der Ressourcenerschöpfung, auch der militärstrategischen Planungen, später mit denjenigen der humanen Gentechnik. Akademien für Technikfolgenabschätzung wurden gegründet, ein Max-Planck-Institut erforschte unter der Doppelleitung des Physikers Carl Friedrich von Weizsäcker und des Soziologen Jürgen Habermas die Lebensbedingungen der wissenschaftlich-technischen Welt, um nach zehn Jahren öffentlichkeitswirksamer Arbeit geschlossen zu werden. Der Club of Rome verstörte die Öffentlichkeit und die Politik mit düsteren Prognosen zur Ressourcenlage und zur Weltarmut. Szenarien zukünftiger Entwicklungspfade wurden entworfen und öffentlich debattiert. Diese Phase endete bald nach dem Ende des Ost-West-Konflikts, der die Nachkriegszeit bis Ende der 1980er-Jahre geprägt hatte. Die zunehmende Dominanz optimistischer, meist ökonomisch oder technologisch geprägter Weltsichten verdrängte gleichermaßen Zukunftssorgen wie Apokalypsen.

Mit dem nicht mehr zu leugnenden Klimawandel, der Dysfunktionalität der Weltwirtschaft, wie sie in der Weltfinanzkrise nach 2008 und den darauffolgenden Staatsfinanzierungskrisen offenbar wurde, der sozialen Erosion und kulturellen Herausforderung westlicher Gesellschaften, der Systemkonkurrenz durch autokratische und totalitäre Regime und zuletzt der Bedrohung durch Covid-19 sind die Zukunftssorgen und Apokalypsen zurückgekehrt. Risiko ist kein Konstrukt der postmodernen 1990er-Jahre mehr,[1] sondern Realität. Risiko war, genau besehen, nie ein bloßes Konstrukt, sondern immer schon Realität, aber dessen Wahrnehmung ist zweifellos kulturell und politisch imprägniert. Insofern ist dieses Buch auch als Kontrapunkt zur postmodernen, unernsten, antirealistischen, perspektivischen Sicht auf Risiko zu verstehen, wie sie nach wie vor weite Teile der Sozial- und Kulturwissenschaften prägt.

Es versucht, Orientierung zu geben, es will zu begrifflicher und gedanklicher Klarheit beitragen und zu eigenständigem Denken anregen. Es richtet sich an alle, die an einem vertieften Verständnis interessiert sind: aus allen Berufen und allen gesellschaftlichen Bereichen, im Bildungswesen, in der Politik, in der Wirtschaft und in der Kultur. Es verschont seine Leserinnen und Leser nicht vor unbequemen Thesen und unerwarteten Einsichten. Urteilskraft spielt für die Demokratie eine zentrale Rolle. Am Ende müssen wir uns auf eine Risikopraxis verständigen, die niemanden diskriminiert und instrumentalisiert, die Individualrechte und Gerechtigkeitsprinzipien nicht verletzt, die, mit anderen Worten, für alle akzeptabel ist.

VORWORT VON
NATHALIE WEIDENFELD

Mit dem Thema »Risiko« verbinde ich, anders als mein Co-Autor, weder eine Theorie noch eine umfangreiche Forschung. »Risiko«, das bedeutet für mich in der unmittelbaren Assoziationskette erst einmal eine Gefahr, von der ich weiß, dass sie droht, über die ich aber nicht gerne nachdenke. Das Risiko, in einen Autounfall verwickelt zu werden, an Krebs zu sterben, oder das Risiko, dass es einen atomaren Unfall geben könnte – alles unschöne Dinge, über die ich nicht gerne nachdenken möchte und es in der Regel auch nicht tue. In der Coronakrise allerdings war das Bewusstsein für das Risiko, an dem Virus zu erkranken, nicht zu verdrängen. Im Radio, im Internet, im Fernsehen und in den Tageszeitungen hagelte es plötzlich Tabellen, Zahlen, Aussagen und Prophezeiungen von Wissenschaftlern zum Thema »Risiko«. Wie für viele Geisteswissenschaftler sind Zahlen und Statistiken auch für mich eher eine Zumutung, und doch entwickelte ich in der Coronakrise ein großes Interesse daran. Damit stand ich wohl nicht alleine. Aufgrund der Hilflosigkeit, die wir alle angesichts der unsichtbaren Gefahr verspürten, wuchs das Bedürfnis, sich Informationen zu verschaffen. Man wollte wissen, was los ist, wie groß die Gefahr wirklich ist und was die einzelnen Maßnahmen bringen würden. Doch je mehr Informationen und Zahlen auf uns zukamen, desto verwirrender wurde es. Der eine Epidemiologe sagte dies, der andere das. Die einen schlugen eine sogenannte »Herdenimmunität« vor, die anderen »Flattening the

Curve« und wieder andere »Containment«. Was war denn jetzt das Richtige?

Ich kann mich noch gut an den Tag erinnern, an dem ich das erste Video des Mediziners Wolfgang Wodarg sah, das bereits kurz nach dem Lockdown im März viral im Netz zirkulierte. Er behauptete darin, dass die Maßnahmen übertrieben und die Einschätzungen des Virologen Christian Drosten falsch seien. Das Video stellte also infrage, was bisher gesagt und getan wurde. Hatte er etwa recht – ähnlich wie in der Schweinegrippe-Pandemie 2009, deren Gefahren er im Rückblick richtig, nämlich als vergleichsweise niedrig, eingeschätzt hatte, während Drosten, WHO und RKI damals dramatisierten? Konnte es wirklich sein, dass die Maßnahmen der europäischen Regierungen falsch, ja sinnlos waren? In den nächsten Tagen folgte ein Proteststurm in den Medien, in dem Dr. Wodarg als Fake-News-Verbreiter diffamiert wurde. Auch wenn sich seine Vermutung, dass es sich bei COVID-19 um eine Erkrankung handele, deren Risiken nicht wesentlich höher seien als die einer saisonalen Grippe, als falsch herausgestellt hat, bleibt die Frage: Warum war keine differenzierte und rationale Auseinandersetzung möglich?

Die Bundeskanzlerin sprach kurz darauf von »Öffnungsdiskussionsorgien«, die zu vermeiden seien. Und viele Intellektuelle verteidigten Merkels Strategie mit dem Argument, die meisten Menschen seien nun mal nicht so differenziert, dass sie unterschiedliche Meinungen aushalten könnten, und da müsse man eben dafür sorgen, dass die Masse dem von der Politik vorgegebenen Kurs folgt. Als Donald Trump und Boris Johnson die Gefahr von Covid-19 herunterspielten, begann die Polarisierung in der Gesellschaft sich zu verfestigen: auf der einen Seite diejenigen, die sämtliche Maßnahmen der Regierung bedingungslos befürworteten, auf der anderen Seite die Kritiker, die in den Augen der Befürworter allesamt Spinner, Verschwörungstheoretiker und Fake-News-Fans waren. Dass sich unter den Kritikern auch zahlreiche

Spinner, Verschwörungstheoretiker und Fake-News-Fans befanden, ist sicher, daraus aber zu schließen, dass alle sich kritisch äußernden Personen zu jenen gehörten, ist falsch. Diese Unkultur der Corona-Debatte hat unserer Gesellschaft nicht gutgetan. Selbst im privaten Umfeld habe ich die Erfahrung machen müssen, dass aufgrund der Verhärtung und Ideologisierung der Standpunkte auch enge Beziehungen gelitten haben.

Mit diesem Buch wollen wir zu einem rationaleren Umgang mit Risiken beitragen; heute, viele Monate nach dem ersten Lockdown, lohnt es sich zu fragen, was wir aus der Krise gelernt haben. Und wie man mit Krisen generell umgehen sollte. Denn die nächste Krise – in Gestalt einer Pandemie, eines Weltwirtschaftseinbruchs, einer Umweltkatastrophe oder einer anderen Herausforderung – kommt bestimmt.

Ähnlich wie in unserem vorausgegangenen Buch *Digitaler Humanismus* haben wir uns auch diesmal vorgenommen, dass ich die eher abstrakten Überlegungen mit konkreten Filmbeispielen anreichere, um das Buch insgesamt verständlicher zu machen und zur Lesbarkeit beizutragen, aber auch, um die kulturelle Dimension der Thematik deutlich zu machen. Ich hoffe, dieser Spagat ist gelungen und die Leserinnen und Leser profitieren davon.

EINFÜHRUNG
RISIKO IST KEIN KONSTRUKT

In Nigeria bringt ein Taxifahrer eine blutende Patientin in ein Krankenhaus. Beim Abladen der Patientin erfährt er, dass diese an Ebola leidet. Er brüllt, rauft sich die Haare und schreit das Krankenhauspersonal an. Er weiß genau, dass bei einer so ansteckenden Krankheit wie Ebola diese Fahrt möglicherweise sein eigenes Todesurteil bedeutet.

Als New York von riesigen, eiskalten Flutwellen überschwemmt wird, bricht eine Massenpanik aus. Die Bewohner flüchten auf Hochhäuser, in U-Bahn-Schächte. Wer hätte gedacht, dass die nahende Eiszeit jetzt schon beginnt?

Nach einem Erdbeben wird ein Atomkraftwerk im Süden Koreas schwer beschädigt. Die Mitarbeiter wissen nicht, was zu tun ist. Der Cheftechniker rät dem Direktor des Werks, offiziell Alarm auszurufen und die Anwohner zu benachrichtigen, damit diese evakuiert werden können. Der aber weigert sich. Stattdessen herrscht er die Arbeiter an weiterzuarbeiten. »Es gibt überhaupt keinen Grund durchzudrehen. Gehen Sie ganz normal Ihrer Arbeit nach.« Die Mitarbeiter sehen ihn entgeistert an. Will er die Gefahr unbewusst verdrängen? Oder geht er bewusst ein Risiko ein, in der Hoffnung, dass die Folgen doch nicht so schlimm sein werden, wie eigentlich zu erwarten ist? Aber selbst der Präsident Südkoreas zögert, eine Evakuierung anzuordnen. Was, wenn eine Massenpanik ausbricht? Wären dann die Kollateralschäden nicht größer?

Szenen wie diese stammen aus Katastrophenfilmen wie *93 Days, The Day After Tomorrow* und *Pandora.* Leider sind Situationen wie diese aber nicht nur auf Filme beschränkt – wir hatten es in der Vergangenheit sowohl mit beschädigten Atomkraftwerken wie auch mit ausbrechenden Ebola-Pandemien zu tun, auch wenn uns eine innerhalb weniger Stunden hereinbrechende Eiszeit wie in *The Day After Tomorrow* bislang noch erspart geblieben ist. Katastrophen sind ein Teil unserer Menschheitsgeschichte. In all diesen Situationen geschieht meist das, was in Filmen auch geschieht. Politiker versuchen, Massenpanik zu vermeiden, Risiken zu beschränken und ihr Image nicht zu beschädigen. Sie sind in der schwierigen Position, sich von der Gesamtlage ein Bild zu machen und auf dieser Basis Entscheidungen zu treffen, was vor allem angesichts sich zuweilen widersprechender Expertenmeinungen nicht einfach ist. Es droht ein Clash zwischen der Bevölkerung und der Regierung, der vorgeworfen wird, die Krise nicht gut zu bewältigen. Und dann sind da natürlich auch noch die Menschen mit ihren individuellen psychologischen Reaktionen auf Krisensituationen. Manche behalten einen kühlen Kopf, manche werden hysterisch und überschätzen die Gefahrenlage, und andere wiederum denken selbst in Krisensituationen nur an ihren eigenen ökonomischen Vorteil.

Aber es ist nicht nur das Individuum, das, konfrontiert mit Unsicherheiten und Gefahren, ratlos oder sogar kopflos werden kann, auch ganze Gesellschaften müssen sich Risiken stellen und auf diese reagieren. Ohne Verständigung über das, was gefährdet ist, und das, was eine angemessene Reaktion sein könnte, werden Gesellschaften und Kulturen in der Krise handlungsunfähig. Die Covid-19-Pandemie hat große Teile der Welt in eine anhaltende Ratlosigkeit gestürzt und nicht nur viel Leid über betroffene Familien gebracht, Todesopfer und Gesundheitsschäden verursacht, sondern auch aufgezeigt, wie vulnerabel die global vernetzte Ökonomie ist. Institutionen und Systeme wurden auf den Prüfstand gestellt, und Prüfungen solcher Art wird es auch in Zukunft geben. Daher ist es wichtig, über individuelle Risiken nachzudenken und Kriterien eines rationalen Umgangs mit diesen zu entwickeln. Dazu verbindet dieses Buch wissenschaftliche Erkenntnisse und philosophische Überlegungen mit lebensweltlichen Erfahrungen und fiktionalen Beispielen insbesondere aus Filmen. Die Lektüre soll zum eigenen Nachdenken anregen, aber auch Orientierung geben. Orientierung in der Welt der Werte und Normen im Umgang mit individuellen und kollektiven Risiken. Covid-19 ist nur das aktuelle Ausgangsbeispiel, das auch in Form einer Analyse (Kapitel 11 bis 13) und im Anhang in publizierten Stellungnahmen während der Pandemie erörtert wird. Aber dieses Beispiel steht für das Ganze eines sensiblen, aufgeklärten, vernünftigen und moralischen Umgangs mit der Realität des Risikos. Risiko ist kein Konstrukt. Es ist real. Und wir sind herausgefordert, uns mit dieser Realität zu arrangieren.

1 GEFAHREN UND WAHRSCHEINLICHKEITEN

oder: »Wir waren den Risiken entkommen,
die Gefahren blieben am Berg zurück«

Der Schwefelgeruch nach Steinschlag, das Dröhnen der Was-
serfälle bei Gewitterregen mit Blitz und Donner, Schneefall mit-
ten im Sommer ließen mich ahnen, wie der Eingang zur Hölle
aussieht: Mitten in einer vereisten schwarzen Felswand konnte
alles passieren! Als der Wolkenbruch, der über die westlichen
Dolomiten niedergegangen war, aufhörte, stand die Westwand
des Peitlerkofel ganz in Weiß da. Heini Holzer und ich kauerten
wie verzagte Schulbuben in einer Nische zweihundert Meter
unter dem Gipfel und zitterten am ganzen Körper. Schnee auf
jeder Leiste, Eis in den Ritzen. Der kalte Wind von Westen
schlug gegen die vereiste Felsmauer, die sich hoch über uns im
schwarzen Himmel verlor. An Schussüberhängen herabtropfen-
des Wasser gegen unsere Körper und an den Fels, wo es sofort
gefror. Blitzeis! Unsere Hoffnung, aus der Schliessler-Route, in
die wir am Vormittag eingestiegen waren, herauszukommen,
bevor es Nacht wurde, lag unter einem Eispanzer begraben.
Und nachts konnten wir nicht klettern. Mir war klar, dass es
ums Überleben ging: Wenn wir nicht hinaufkommen, erfrieren
wir!

»Zurück?«

»Unmöglich!«

Triefend nass stand ich auf einer abschüssigen Felsleiste und
sicherte, während Heini versuchte, mit steifen Bewegungen wei-

ter voranzukommen. Als er senkrecht über mir kletterte – ständige Angst, er könne aus der Wand fallen, stürzen –, konnte ich nur staunen, wie er die Risiken meisterte. Wie nur hielt er sich am kleingriffigen Fels fest? Trotz Eis, Wasser und Schwierigkeiten. Endlich am Standplatz angekommen, rief er mir zu: »Wir müssen biwakieren!«

Ich stieg nach, zitternd vor Kälte und Angst. Als ich bei meinem inzwischen völlig ausgekühlten Seilpartner stand – das Warten hatte ihn zur Verzweiflung getrieben –, wusste auch er: Wenn wir biwakieren, werden wir erfrieren. […] Es war nicht allein die Angst, die mich antrieb, es war vielmehr die Hoffnung, alle Risiken hinter uns zu lassen. Es stand fest wie ein Naturgesetz: Nur oben war Rettung – ein Zurück wäre zu riskant gewesen. Nur die Hoffnung hielt uns am Fels, am Leben. Der Schnee zerrann unter klammen Fingern. Erst wenn sich der Fels unter meinen Händen rau anfühlte, konnte ich die nächste Kletterbewegung ausführen. Es war grauenvoll. Das Schmelzwasser lief an uns herab, die Schuhe flossen über. Wenn wir uns frei hätten bewegen können, aufwärtsstürmen, laufen, uns wäre rasch warm geworden. Die extremen Kletterschwierigkeiten aber ließen es nicht zu. […] In der Ferne hörten wir erneut lauten Donner. Ein zweites Unwetter drohte. Wie ein Todesurteil hingen wieder grauschwarze Wolken am Himmel über uns. Weiter! Es war der nackte Instinkt, der uns antrieb. Dazu gehörte die Hoffnung, am Leben zu bleiben. Wie oft haben wir das Risiko, obwohl freiwillig eingegangen, verflucht, jetzt zählte nur noch das Tempo! Wir setzten alles, aber auch alles ein, um vor der Dunkelheit zum Gipfel zu kommen. Beim Abstieg wurde es finster. Am Fuß unserer Wand blieben wir kurz stehen, schauten hinauf. »Wenn wir jetzt noch oben wären, wären wir nicht mehr lange«, bemerkte Heini im Weitergehen ganz nebenbei. Wir waren den Risiken entkommen, die Gefahren blieben am Berg zurück.

So beschreibt Reinhold Messner in seinem Buch *Über Leben* den riskanten Aufstieg auf den Peitlerkofel in seinen Zwanzigern. Wie er selbst zugibt, war er als junger Mann bereit, recht hohe Risiken einzugehen. Risiken so richtig wie möglich einzuschätzen, mit dem Wissen, dass man sich auch geirrt haben könnte, gehört, wie Messner es immer wieder beschrieben hat, zum täglichen Geschäft eines Alpinisten, auch wenn das Risiko, dass man dann dennoch falschliegt, bleibt: »Trotzdem kann ein Sturm mal nicht, wie erwartet, 150 Stundenkilometer, sondern 300 Stundenkilometer Windgeschwindigkeit haben. Dann wird es kritisch, da fliege ich mit dem Zelt weg.«

Auch wenn in der Realität die meisten von uns wahrscheinlich kaum je mit Blitzeis auf 2000 Meter Höhe zu kämpfen haben werden, gibt es andere Gefahrensituationen, in denen es gilt, Risiken richtig einzuschätzen, um vernünftige Entscheidungen zu treffen. Doch genau daran hapert es oft, denn woher kann ich wissen, dass meine Risikoeinschätzung richtig ist?

Die Rolle subjektiver Bewertungen

Man könnte meinen, immer dann, wenn Menschen Ängste haben, seien sie mit einem Risiko konfrontiert. Das setzt aber voraus, dass diese Ängste begründet sind. Es gibt aber auch unbegründete Ängste. Die Psychologie spricht dann von Phobien, die sich zu Krankheiten auswachsen können und Menschen daran hindern, ein selbstbestimmtes Leben zu führen. Eine angemessene Realitätswahrnehmung ist Voraussetzung dafür, dass Menschen ihr Leben nach eigenen Vorstellungen gestalten können oder, um ein anderes Bild zu verwenden, dass sie Autoren und Autorinnen ihres eigenen Lebens sein können. Risiken beruhen auf Tatsachen, nicht lediglich auf Vorstellungen. Risiken sind *mögliche* Gefahren, die sich durch

Handeln beeinflussen lassen. Agoraphobie ist zum Beispiel die Angst, sich auf freien Plätzen zu bewegen. Sie ist unbegründet, da dort keine größeren Gefahren lauern. Arachnophobie ist in Deutschland irrational, weil von hiesigen Spinnen keine Gefahr ausgeht, und so weiter. Wir können Risiko als einen möglichen Schaden bestimmen. Im Idealfall kennen wir das Schadensausmaß und die Wahrscheinlichkeit, mit der die Schädigung eintreten kann. Wenn wir zum Beispiel wissen, mit welcher Wahrscheinlichkeit die Ausübung einer bestimmten Risikosportart zum Tode führen kann, dann haben wir beides: die Bestimmung des möglichen Schadens (der Tod des Sportlers) und die Wahrscheinlichkeit, mit der dieser auftritt. Dazu gibt es Statistiken, auch auf die zeitliche Dauer der sportlichen Praxis bezogen.[2]

Nun gibt es allerdings Aspekte der Risikobewertung, die sich nicht oder nicht vollständig objektivieren lassen. Das gilt selbst für das scheinbar eindeutige Beispiel der Todesgefahr, die das Ausüben einer bestimmten Sportart mit sich bringt. Es gibt Menschen, die sich – nicht nur beim Sport, sondern ganz allgemein – vor dem eigenen Tod weniger fürchten als andere, ja es gibt sogar Menschen, die sich den Tod herbeiwünschen, ohne deswegen zum Suizid zu greifen. Ein prominentes Beispiel ist der Bruder von Ludwig Wittgenstein, in dessen Familie es einige Suizide gegeben hatte und der aus Todessehnsucht bewusst hohe Risiken im Ersten Weltkrieg auf sich nahm. Korrespondenzen legen nahe, dass Todessehnsucht bei vielen jüngeren Männern damals im Spiel war. Eine Haltung, die im Fin de Siècle durchaus en vogue war. Gegen Ende des Zweiten Weltkriegs beeindruckten japanische Kamikaze-Piloten, die unter bewusster Inkaufnahme des eigenen Todes ihre Flugzeuge in feindliche Ziele lenkten. Auch die islamistischen Selbstmordattentäter gehören in diese Kategorie. Es gibt also auch Menschen, die sich in bestimmten Situationen von der hohen Wahrscheinlichkeit oder sogar Sicherheit des eigenen Todes nicht schrecken lassen. Manche von ihnen mögen dafür moralische Motive haben, sie opfern sich selbst, so wichtig ihnen das eigene Leben auch ist, um das Leben anderer zu retten. Gefährliche Berufssparten, etwa die Feuerwehr, setzen auf diese besondere Variante individueller Risikobereitschaft.

Schon an der Bereitschaft, sein eigenes Leben zu riskieren, zeigt sich ein Aspekt der Bewertung durch das handelnde Subjekt. Wenn man die Zahl der Todesfälle kennt, die mit einer bestimmten Praxis in einer bestimmten Population einhergeht, dann kennt man in diesem fundamentaleren Sinne noch nicht das Ausmaß der Gefahr, denn als wie groß dieser Schaden empfunden wird, hängt von den Akteuren und der Kultur ab, in der sie leben. Kulturelle Praktiken, ja selbst die Standards der jeweiligen Berufsausübung lassen sich nur schwer objektivieren.

Ein vielleicht naheliegenderes Beispiel sind materielle Schäden wie etwa Geldverlust. Für Menschen, für die der Verlust von Zahlungsmitteln schon deswegen ein großer Schaden ist, weil sie sorgfältig auf jeden Euro achten müssen, um über die Runden zu kommen, ist der Schaden weit größer als für diejenigen, die mit höheren Summen auf Aktienmärkten spekulieren. Aber auch diejenigen, die materiell weniger gut gestellt sind, unterscheiden sich in hohem Maße hinsichtlich der Wertschätzung materieller Güter. Es gibt auch ärmere Menschen, denen materielle Verluste nicht viel bedeuten, dazu gehören in allen Kulturen etwa Angehörige von Bettelorden oder anderen asketischen religiösen Gemeinschaften. Eine der zentralen Figuren der Spiritualität, Gautama Buddha, selbst aus einer sehr wohlhabenden Fürstenfamilie stammend, verlässt all den Luxus, um ein spirituelles Leben in Armut zu beginnen. Ähnliche Geschichten gehören zu den Gründungsmythen der meisten Religionen, darunter auch das Christentum (der heilige Augustinus zum Beispiel). Der Wert materieller Güter und der Schaden, den ihr Verlust bedeutet, hängt daher von subjektiven Bewertungen ab. Die

Monetarisierung von Schäden ist in der Versicherungswirtschaft üblich und notwendig. Auf der Homepage der Münchener Rück, eines der größten Versicherungsunternehmen weltweit, sind Aussagen zu lesen wie »Fachleute aus über 80 Fachgebieten schaffen Risikolösungen für heute und morgen«, »Wir tragen Ihre Katastrophenrisiken« oder »Wir übernehmen Ihre Spitzenrisiken«. Diese Sätze legen den trügerischen Schluss nahe, jede Art von Risiko könne umfassend errechnet und durch monetäre Kompensation kontrolliert werden.

Gesellschaftliche Risikoeinschätzungen

Wenn sich eine Gesellschaft darüber einig ist, was in welchem Maß als Schaden zu bewerten ist, dann allerdings genügt der Hinweis, in welchem Umfang und mit welcher Wahrscheinlichkeit dieser Schaden auftreten kann, um Risiken für diese Gesellschaft zu bestimmen. So sind wir uns fast alle einig, dass der Tod eines Menschen ein Übel ist, das, wenn irgend möglich, vermieden werden sollte. Daraus wird dann gerne der Schluss gezogen, dass, im Hinblick auf dieses Übel, allein die Zahl der zu erwartenden Todesfälle ausschlaggebend ist, um das Risiko zu bestimmen. Das kann jedoch zu ethisch inakzeptablen Konsequenzen führen. So dürfen wir einzelnen Menschen nicht zusätzliche Risiken auferlegen, um andere Menschen zu schützen – diese Form der Verrechnung würde dem Verbot der Instrumentalisierung widersprechen. Es ist also nicht lediglich das Aggregat, die Summe der Todesfälle, das hier relevant ist, sondern auch die Art und Weise, wie die Risiken verteilt sind.

Vorher müssen wir eine weitere Unterscheidung treffen, nämlich die, dass es neben der Subjektivität der Schadensbewertung auch eine Subjektivität der Wahrscheinlichkeitsbewertung gibt. Zwar wäre es irrational, wenn die Wahrscheinlichkeitsschätzungen von den verfügbaren frequentistischen Daten[3] abwichen, aber in vielen Fällen sind solche Daten nicht verfügbar oder unzuverlässig. Um dann nicht die Grundlagen jeder rationalen Risikopraxis einzubüßen, müssen Wahrscheinlichkeitsschätzungen zugrunde gelegt werden, die jedoch nicht willkürlich sein dürfen, sondern gewisse Mindestbedingungen an Kohärenz erfüllen müssen wie die Kolmogoroff-Axiome.[4]

Obwohl es also eine subjektive Komponente, sowohl hinsichtlich der Wahrscheinlichkeiten wie auch der möglichen Schäden, die ein Risiko ausmachen, gibt, lässt sich das Risiko in dem Maß objektivieren, in dem man sich auf Bewertungsmaße einigen kann. So ist es zum Beispiel naheliegend, im Falle technologischer Großrisiken und Naturkatastrophen als Schadensmaß die Anzahl der Todesfälle zugrunde zu legen. Sofern diese Anzahl bestimmt werden kann, ist der eingetretene Schaden objektiv bestimmbar. Ähnlich gilt für Wahrscheinlichkeiten, dass das Vorliegen von hinreichend verlässlichen und umfangreichen frequentistischen Daten Meinungsunterschiede bezüglich der Wahrscheinlichkeitsschätzungen erübrigt.

Aber auch dann, wenn man sich auf eine solche objektive Risikobestimmung einigen kann, sind Differenzierungen erforderlich, die die Beurteilung wieder verkomplizieren. Nicht erst durch die Covid-19-Pandemie, sondern schon in vielen vorausgegangenen Risikosituationen ist es üblich geworden, die Anzahl der eingetretenen Todesfälle öffentlich zu kommunizieren. Dabei handelt es sich allerdings um eine verkürzte Information, die massive Fehlinterpretationen des Risikoausmaßes nach sich ziehen kann. Nehmen wir das Beispiel der Hitzewelle im Sommer 2003. Mit insgesamt 40 000 bis 75 000 Todesopfern in Europa gilt sie als eine der größten Naturkatastrophen der letzten 40 Jahre. Laut der medizinischen Fachzeitschrift *The Lancet* sorgte die Hitzewelle allein in Frankreich zusammen mit unzureichenden Klimaanlagen in Kliniken und Altenheimen für rund 15 000 Todesfälle. Wenn man in die Mortalitätsstatistik blickt, ergibt sich für Frankreich eine wahrnehmbare Erhöhung, eine beträchtliche Übersterblichkeit (Exzessmortalität) in der Hitzephase. Im Anschluss an diese Phase überhöhter Sterblichkeit folgte allerdings auch eine Phase leicht abgesenkter Sterblichkeit, sodass über einen längeren Zeitraum hinweg die Sterblichkeit wieder weitgehend ausgeglichen wurde. Die naheliegende Interpretation für dieses Phänomen ist, dass durch die erhöhten Temperaturen Menschen gestorben sind, die ansonsten in einigen Tagen, Wochen oder Monaten gestorben wären. Der Todeszeitpunkt dieser Personen wurde also um eine vergleichsweise kurze Zeitspanne vorverlegt, und da diese Menschen in den folgenden Wochen und Monaten nicht mehr starben, wie es sonst der Fall gewesen wäre, sank anschließend die Zahl der Todesfälle in der Gesamtbevölkerung (Mortalität). In Deutschland etwa weist das Landesinstitut für den öffentlichen Gesundheitsdienst NRW darauf hin, dass die auch in Deutschland im Sommer 2003 stattfindende Übersterblichkeit mit der in den anschließenden Monaten auftretenden Untersterblichkeit verrechnet werden muss. Dieses Phänomen darf nicht als Bagatellisierung dieser Todesfälle missverstanden werden, es sollte auch nicht als Argument für eine Verrechnung von Menschenleben herangezogen werden, wie wir im folgenden Kapitel noch sehen werden. Aber der Unterschied zwischen der Verkürzung eines Menschenlebens um 20 oder 40 Jahre und der Verkürzung des Lebens eines Schwerkranken um vier Wochen durch unzureichend funktionierende Klimaanlagen ist für eine rationale Risikoeinschätzung relevant.

Der Umgang mit frequentistischen Daten birgt ein großes Missbrauchspotenzial. So wird zum Beispiel aus der Tatsache, dass in Deutschland in Phasen sommerlicher Hitzeperioden die Sterblichkeit der Bevölkerung zunimmt, geschlossen, dass ein Temperaturanstieg in Deutschland durch den Klimawandel entsprechend die Sterblichkeit erhöhen würde. So versuchte der Umweltepidemiologe Shakoor Hajat, die Folgen der erwarteten Erderwärmung für Großbritannien auszurechnen, und kam zu dem Schluss, dass sich in den nächsten Jahren die Zahl der Hitzetoten verdreifachen könnte.[5] Der Denkfehler liegt auf der Hand: Auch wenn in allen Ländern der Welt jeweils in Hitzeperioden die Sterblichkeit erhöht ist, heißt dies keineswegs, dass durch Temperaturanstieg die Sterblichkeit erhöht wird. Süditalien hat eine höhere Lebenserwartung als Norddeutschland, trotz 7 Grad höherer Durchschnittstemperatur. Auch in Ländern mit großem Nord-Süd-Gefälle, wie etwa Russland, ist kein Zusammenhang erkennbar zwischen höheren Durchschnittstemperaturen und Lebenserwartung, obwohl wir annehmen können, dass für all diese Regionen gilt, dass in Hitzeperioden, und sei es in Sibirien, die Sterblichkeit zunimmt.

Die Rolle der Verteilung

Wie wir bereits eingangs des letzten Abschnitts gesehen haben, gilt für Wahrscheinlichkeitsabschätzungen generell, dass es auf die konkrete Verteilung ankommt. Es ist nicht richtig, jeweils die Durchschnittswahrscheinlichkeit zur Bestimmung eines Risikos heranzuziehen, schon deswegen nicht, weil unterschiedliche Schadenswahrscheinlichkeiten manche Menschen besonders treffen, während andere so gut wie keinem Risiko ausgesetzt sind. Die Verteilung ist dann doppelt relevant: zum einen hinsichtlich der Zumutbarkeit für die einzelnen Personen und zum anderen hinsichtlich der Gerechtigkeit der Risikoverteilung.

Risiken haben immer zwei Komponenten, das Ausmaß des möglichen Schadens und die Wahrscheinlichkeit, mit der dieser Schaden eintreten könnte. Beide haben sowohl einen objektiven wie auch einen subjektiven Aspekt. Die Rationalität der Risikobeurteilung und der darauf beruhenden Praxis ist nicht erst dann möglich, wenn eine vollständige Objektivierung dieser beiden Komponenten erfolgt. Sie hängt davon ab, dass wir uns in der Gesellschaft auf einen Korridor verständigen können, innerhalb dessen sich unsere Wahrscheinlichkeits- und Schadenseinschätzungen bewegen.

2 PARADOXIEN DES RISIKOS

oder: Warum ein Kriegseinsatz in Vietnam bei oberflächlicher Betrachtung das Lebensrisiko senkt

Frankfurt. Ein kühles, dunkles Hochhaus im Finanzdistrikt. Der smarte und charismatische Gabriel Fenger, Investmentchef der Deutschen Global Invest, betritt lässig und selbstsicher den Sitzungsraum. Um den großen schwarzen Tisch sitzen fünf Männer in dunkelblauen Anzügen.

»Danke, dass Sie sich Zeit genommen haben. Wir wissen, wie beschäftigt Sie sind«, begrüßt ihn der glatzköpfige Vorstandsvorsitzende in einem übertrieben freundlichen Ton.

»Ich freue mich, hier zu sein«, antwortet Fenger genauso übertrieben freundlich und setzt sich.

»Lassen Sie uns anfangen!«, fährt der Vorstandsvorsitzende, zu den anderen Vorstandsmitgliedern gewandt, fort. »Das ist der neue ›Quarterback‹ der Firma Global Invest: Gabriel Fenger. Er verlangt ein gigantisches Gehalt, ist aber jeden Cent wert.«

»Es geht doch hier nicht um mein Gehalt, sondern um die Aktionärsversammlung nächste Woche.«

»Sie übernehmen doch eine Schlüsselrolle. Ihre Funktion wird ein wichtiges Thema sein.«

Die Vorstandsmitglieder tauschen untereinander bedeutsame Blick aus. Offenbar muss jetzt ein heikles Thema angesprochen werden.

»Wir sind besorgt, weil Sie den Vorstand beschuldigen, Aktionäre wie rohe Eier zu behandeln.«

Fenger sieht dem Vorsitzenden unerschrocken in die Augen.

»Sogar die begriffsstutzigsten Aktionäre haben verstanden,

dass es der Bank nicht gut geht. Es ist falsch zu glauben, dass sie angelogen werden wollen.«

Der Vorsitzende sieht ihn subtil herablassend an: »Wir diskutieren das gerne mit Ihnen. Aber Sie müssen unserer Expertise im Umgang mit Aktionären vertrauen.«

»Das tue ich«, antwortet Fenger, dessen Lächeln nun steif geworden ist. »Aber ich bin der Chef des Investmentbankings, und ich glaube nicht, dass die Aktionäre jemanden wollen, der zögerlich und übervorsichtig ist. Sie wollen, dass ihre Investitionen in starken und ...«

Der Vorstandsvorsitzende unterbricht Fenger: »Hätten wir nicht so viele Themen und wäre dies der geeignete Rahmen, würde ich wirklich gerne Ihre Gedanken dazu hören.«

Der Vorstandsvorsitzende hat Fenger soeben vor versammelter Mannschaft einen Maulkorb verpasst und ihn gedemütigt. Quirin, ein alter Weggefährte von Fenger, versucht, die Wogen zu glätten: »Wir wissen, wie gut dein Instinkt im Umgang mit Kunden ist. Aber nächste Woche geht es um das Bedürfnis der Aktionäre nach Vertrauen und Sicherheit.«

Fenger versucht, sich zur Wehr zu setzen: »Wer aus Angst handelt, überträgt sie auf andere. Das wisst ihr. Ihr könnt die Aktionäre zwar beruhigen. Aber ihr bekräftigt ihre Ängste. Das ist ein großer Fehler.«

»Ich wiederhole mich«, sagt der Vorsitzende. »Ihr Job ist das Investmentbanking. Unserer ist der Umgang mit den Aktionären. Wir erwarten Ihre volle Kooperation. Danke für Ihre Zeit.«

»In Ordnung«, antwortet Fenger. Er lächelt, doch sein Lächeln ähnelt eher dem Zähnefletschen eines Wolfes. Er weiß, dass er den Kürzeren gezogen hat. »Wie Sie meinen.«

Die Show ist zu Ende. Fenger hat verloren.

Eine Woche später ist es so weit. Dicke Mercedes- und BMW-Limousinen reihen sich vor einem großen Zelt auf. Die Aktionärsversammlung beginnt. Fenger sitzt mit anderen hohen Managern der Deutschen Global Invest auf dem Podium und beantwortet Fragen. Plötzlich meldet sich ein Journalist: »Herr

Fenger, Sie haben einmal gesagt, dass man – ich zitiere – niemals einer Bank trauen sollte, die von Sicherheit spricht und, wenn man recherchiert, jedes Risiko scheut. Verstehe ich Sie damit richtig, dass Sie sagen wollen, dass Banken die Pflicht haben, ihre Kunden anzulügen?«

Ein Raunen geht durch die Menge. Die Frage hat es in sich.

»Ich weiß nicht, wann ich das gesagt habe«, antwortet Fenger schlagfertig. »Aber sicherlich vor der Finanzkrise, als der Begriff der ›Sicherheit‹ noch gleichbedeutend war mit dem Begriff der ›steten Investition‹.«

»Also zusammengefasst heißt das: Sie stehen für Wachstum ohne Risiko?«, hakt der Journalist provokativ nach.

Der Vorstandsvorsitzende wird nervös. Genau diese Diskussion hatte er um jeden Preis zu vermeiden gesucht. Schließlich sollten die Aktionäre in ihrem Glauben bestärkt werden, dass ihre Anlage bei der Bank in sicheren Händen liegt und keinerlei Risiko besteht.

»Die nächste Frage, bitte«, ruft der Vorstandsvorsitzende.

Doch Fenger will nicht kampflos aufgeben. Sich einfach von dem Journalisten in die Ecke drängen lassen? Niemals. Angriffslustig ergreift er erneut das Wort: »Warum stellen Sie Fragen, von denen Sie wissen, dass sie Schwachsinn sind?«

Der Vorstandsvorsitzende, der mit Fenger über ein Mikro im Ohr kommuniziert, herrscht ihn an, endlich zur nächsten Frage überzugehen, aber Fenger reißt sich den Clip aus dem Ohr, wirft ihn auf den Tisch und blickt dem Interviewer geradeaus in die Augen.

»Wenn Sie hören wollen, dass ich genauso ängstlich bin wie Sie, dann muss ich Sie enttäuschen. Ich habe keine Angst vor Risiko. Weil Risiko ein natürlicher Bestandteil von Erfolg ist. Der Begriff der Sicherheit ist in den letzten Jahren pervertiert worden und zwingt die Menschen in unserer Branche zu immer kruderen Methoden. [...] Woran ich glaube und wofür ich wieder stehen möchte: Wachstum ohne Märchen über Sicherheit, mit einer gesunden Portion Kampfesgeist.«

Der Vorstandsvorsitzende ist stinksauer auf Fenger. Hatte er ihm nicht glasklar gemacht, dass er das Wort »Risiko« vor den Aktionären auf keinen Fall in den Mund nehmen sollte? Am liebsten würde er Fenger ins Gesicht schlagen.

Doch kurz nach der Versammlung geschieht das gänzlich Unerwartete: Die Aktienwerte der Deutschen Global Invest gehen durch die Decke. Der Kommentator im Fernsehen bringt es auf den Punkt: »Scheinbar vertrauen die Anleger und Aktionäre lieber einem zockenden Fenger als einem sicheren Fenger.«

Fenger hat hoch gepokert und damit paradoxerweise das Vertrauen der Aktionäre gewonnen. Ist es, obwohl oder gerade weil sie wissen, dass sie ein höheres Risiko eingehen?

In der zweiten Staffel der erfolgreichen Fernsehserie *Bad Banks* (2020) geht es – wie in der gesamten Serie – ständig um Risiko. Das Risiko unsicherer Deals, das Risiko gefährlicher Absprachen und nicht zuletzt das Risiko, als Investmentbanker emotional zu verarmen und moralisch zu veröden. Die Protagonisten von *Bad Banks* sind permanent von Risiken umgeben und leben mit der anhaltenden Angst, von diesen eingeholt zu werden. Sie alle bekommen durch den Stress gesundheitliche und psychische Probleme. Sie werden entweder alkohol-, drogen- oder sexsüchtig oder bekommen anderweitige psychische Probleme. Das ist mehr als verständlich, denn Risiko auszuhalten stellt einen hohen Stressfaktor dar. Ein Bewusstsein für Risiken zu haben triggert in uns die Angst vor Gefahren, und die wiederum lässt unser biologisches Programm ablaufen: Unsere Wahrnehmung wird hochgefahren, der Körper bereitet sich auf Abwehrmaßnahmen vor, und die Überschwemmung mit Adrenalin ermöglicht es, schnell davonzulaufen oder sich auf einen Kampf einzulassen. Wenn allerdings in der modernen Zivilisation der Quell dieser Angstwahrnehmung eine E-Mail ist, die der Person vor dem Display Angst und Schrecken einjagt, dann ist dieses biologische Erbe eher dysfunktional. Die Herzfrequenz steigt an, ohne den physiologischen Zweck zu erreichen, das Überleben zu sichern, und das kann auf Dauer zu Gesundheitsschäden führen. Unser genetisches Erbe ist auf physische Krisenbewältigung und konkrete Gefahren ausgerichtet. Allerdings sind wir auch soziale Wesen und schützen uns vor Bedrohungen, indem wir uns mit anderen zusammenschließen, gemeinsame Reaktionen vorbereiten und den Stärkeren im weitesten Sinne folgen. Ängstliche drängen sich nicht vor, Unerschrockene werden in Gefahrensituationen zu Leitfiguren. Auch hier kann es zu dysfunktionalen Reaktionen kommen.

Wenn Gefahren abstrakt sind, wenn sie durch Verweise auf Zahlen und Wahrscheinlichkeiten kommuniziert werden, dann sind die meisten Menschen überfordert. Sie können diese Gefahrenhinweise nicht einordnen und wissen nicht, in welcher Weise sie reagieren sollen. Zu Beginn der Coronakrise ging es sicher vielen von uns so. Je allgemeiner, diffuser und abstrakter Risiken sind, desto mehr versagt unser angeborenes individuelles und soziales Repertoire. Es kommt zu Verzerrungen der Risikowahrnehmung und zu Irrationalitäten der Risikopraxis, die häufig einem systematischen Muster folgen. Im Folgenden benennen wir einige dieser Verzerrungen als Paradoxa.

Das Paradoxon der Altersspezifizität

Bellizisten, also Befürworter zum Beispiel des Vietnamkriegs, in den USA haben darauf hingewiesen, dass die Wahrscheinlichkeit eines amerikanischen GIs, beim Einsatz in Vietnam ums Leben zu kommen, niedriger war als die Wahrscheinlichkeit eines US-Amerikaners, in der Heimat ums Leben zu kommen. Und in der Tat sieht es auf den ersten Blick so aus, als hätten sie recht. Im Jahr 1972 starben in den USA 54 589 Menschen bei Verkehrsunfällen – also fast genauso viele wie in dem 20 Jahre dauernden Einsatz in Vietnam, bei dem insgesamt 58 220 US-Soldaten starben. Bei oberflächlicher Betrachtung könnte man also zum Ergebnis kommen, ein Kriegseinsatz sei eine harmlose Angelegenheit.

Tatsächlich verteilt sich die Wahrscheinlichkeit, zu Tode zu kommen, extrem ungleich über das Lebensalter. Während das Todesrisiko unmittelbar nach der Geburt und in den ersten Lebensmonaten noch relativ hoch ist (3 Prozent bei Frauen und 3,5 Prozent bei Männern), sinkt es in der hoch industrialisierten Gesellschaft, anders als im globalen Süden oder im europäischen Mittelalter, auf ein Minimum ab (bei Frauen von 1 bis 20 Jahren auf 0,1 Prozent, bei Männern von 1 bis 20 Jahren zwischen 0,1 und 0,3 Prozent), um für den Zeitraum zwischen 45 und unter 50 Jahren wieder anzusteigen auf 1,4 Prozent bei Frauen und 2,4 Prozent bei Männern. Für den Zeitraum zwischen 55 und unter 60 Jahren erhöht es sich nochmals: auf 3,9 Prozent bei Frauen und 7,2 Prozent bei Männern. Die Wahrscheinlichkeit, zu Tode zu kommen, liegt in allen Alterskohorten in Deutschland bei den Frauen niedriger als bei den Männern, was eine deutlich niedrigere Lebenserwartung der Männer – wie in allen westlichen Industriegesellschaften – zur Folge hat (siehe Anhang »Zahlen und Fakten«, Abb. 1). In den jüngeren Jahrgängen spielen Unfälle und Suizide prozentual eine große Rolle bei den Todesfällen. In den höheren Altersgruppen sinkt dieser Prozentsatz dramatisch ab. Daraus wird dann manchmal die Schlussfolgerung gezogen, dass die Suizidgefahr für ältere Menschen geringer ist, doch dies ist ein Irrtum: Die meisten Suizide werden zwischen 50 und 54 Jahren begangen. Der Grund, warum Suizide prozentual immer unbedeutender werden, ist, dass andere Todesursachen deutlich zunehmen (Kreislauferkrankung, Krebs etc.). In Deutschland gibt es in der Altersgruppe 50 bis 54 jährlich ca. 22 000 Tote, davon ca. 1000 Suizidtote (siehe Anhang »Zahlen und Fakten«, Abb. 2 und 3).

Wenn die Wahrscheinlichkeit, zu Tode zu kommen, in der

Altersgruppe der 20- bis 40-jährigen Männer genauso hoch wäre wie in der Allgemeinbevölkerung, dann hieße das, dass sich für diese Personengruppe die Wahrscheinlichkeit, zu Tode zu kommen, um ein Vielfaches erhöht hätte. Das war auch zu Zeiten des Vietnamkriegs in den USA so: Der junge Mann zu Hause hatte ein viel niedrigeres Risiko, zu Tode zu kommen, als sein Collegefreund, der eingezogen wurde.

Allgemein gilt: Wer ein hohes Risiko trägt, für den ist die weitere Erhöhung dieses Risikos um einen bestimmten Wert ein geringerer Schaden als für eine Person, die ein geringes Risiko trägt. Daher hat der US-amerikanische Philosoph Robert Nozick vorgeschlagen, riskante medizinische Experimente an Älteren vorzunehmen und nicht, wie es üblich ist, an Jüngeren. In der Tat ist es eine weitverbreitete Haltung älterer Menschen, dass ein zusätzliches gesundheitliches Risiko für sie selbst eher zu verkraften sei als für Jüngere. Das erhöhte Morbiditäts- und Mortalitätsrisiko wird dann nur um einen kleinen Prozentsatz erhöht, und man kann die Größe dieses Prozentsatzes als ein Maß der Zumutbarkeit nehmen (siehe Anhang »Zahlen und Fakten«, Abb. 4).

Das Paradoxon der Konzentration

Wenn ein Bus mit 72 Insassen in den Alpen von der Straße abkommt und in die Tiefe stürzt, dann wird dies in allen Tageszeitungen berichtet, während die fast 100 Todesfälle, die im Durchschnitt Woche für Woche auf Deutschlands Straßen zu beklagen sind, nicht erwähnt werden. Konzentrierte Schäden finden Aufmerksamkeit, verteilte Schäden nicht. Dies gilt sowohl zeitlich wie räumlich. Eine Diffusion von Risiken über die Zeit lässt die auftretenden Schäden in der öffentlichen Wahrnehmung ebenso verschwinden wie eine räumliche Diffusion. Dieses Phänomen kann zu einer irrationalen

Risikopraxis beitragen, die große, aber zeitlich und räumlich verteilte, diffundierte Risiken vernachlässigt und zeitlich und räumlich konzentrierte Risiken mit großem Aufwand bekämpft, auch dann, wenn das Schadensausmaß des konzentrierten Risikos weit geringer ist als das des diffundierten. Dieses Argument wird manchmal von Befürwortern der Kernenergie ins Feld geführt, wonach es irrational sei, die konzentrierten Risiken bei einem größten anzunehmenden Unfall (GAU), wie er in Tschernobyl und in Fukushima aufgetreten ist, als eine große Tragödie wahrzunehmen, während die diffundierten Risiken, zum Beispiel durch Staublungen im Bergbau mit zahlreichen, aber zeitlich und räumlich verteilten Todesfällen, vernachlässigt werden.

Allerdings kann man zumindest teilweise diese Asymmetrie der Aufmerksamkeit rechtfertigen: Es ist ein Unterschied, ob der eine oder andere Mensch in einer Familie an einer Erkrankung stirbt oder ob gleichzeitig auf engem Raum sehr viele Angehörige in einer Familie aufgrund eines Unfalls umkommen. Das eine, nämlich der Verlust der einen oder anderen, meist älteren Person, ist für die Angehörigen verkraftbar. Das andere, zum Beispiel der Tod der Kinder vor den Eltern oder eines größeren Teils aller Freunde und Verwandten, ist nicht mehr verkraftbar. Das eine, die menschliche Tragödie, die jeder einzelne Tod darstellt, ist Teil der lebensweltlichen Erfahrung, zumal wenn er die jeweils älteste Generation trifft. Das andere, das konzentrierte und gehäufte Auftreten solcher Tragödien, entspricht nicht dem lebensweltlich Erwarteten, zerstört Gewissheiten und führt in vielen Fällen zu unheilbaren Traumata.

Das Paradoxon der Aufmerksamkeit

Historiker berichten, dass das europäische Mittelalter auch eine Zeit grassierender Ängste war. Wie immer sich dies sozialpsychologisch erklären lässt und welche Rolle dabei die christliche Sündenlehre spielte, die Menschen lebten nicht nur in Furcht vor realen Gefahren, sondern auch vor fingierten, insbesondere am Ende von Jahrhunderten. Die Prophezeiungen des Unheils verbreiteten sich, Sündenböcke wurden gesucht, in Hexenprozessen bis weit in die Neuzeit hinein Tausende Frauen als Unheilsbringerinnen ermordet, Juden und ganze jüdische Gemeinschaften verfolgt und mit Pogromen überzogen, und in Zeiten realen Unheils, zum Beispiel während eines Pestausbruchs, reagierte die Bevölkerung mit radikaler sozialer Distanzierung, Austreibung der Infizierten, Isolierung der vermeintlichen Unheilsbringer (und das, obwohl das verantwortliche Bakterium von Nagetieren und Ratten über Flöhe auf Menschen übertragen wurde). Im Falle des schrecklichen Erdbebens von Lissabon 1755 interpretierte die Kirche die Naturkatastrophe als Strafe Gottes für die Sündhaftigkeit der Stadtbevölkerung (was allerdings wohl längerfristig zum Autoritätsverfall des Klerus in der beginnenden europäischen Aufklärung beitrug).

Das Phänomen der Überlagerung eines realistischen Gefahrenbewusstseins mit Projektionen, Ideologien und Aberglaube ist jedoch keineswegs auf ferne Zeiten beschränkt. Auch in der Gegenwart wird die Risikowahrnehmung in hohem Maße von erratischen Prozessen der öffentlichen Aufmerksamkeit und der Interpretation beeinflusst. In immer wieder neuen Wellen werden gesundheitsfördernde oder gesundheitsschädliche Ernährungsweisen diskutiert, die ganze Bevölkerungsgruppen zu einer Änderung ihres Lebensstils veranlassen, oft von wissenschaftlicher Autorität vermeintlich gestützt, obwohl sie sich einige Jahre darauf als

Mumpitz herausstellen – wie etwa die Empfehlung der US-amerikanischen Behörde für Lebens- und Arzneimittelsicherheit FDA, sich kohlenhydratreich zu ernähren, was viele Menschen in den USA bis heute das Leben kostet. Doch auch die aktuelle UV-Phobie, die in den gemäßigten Breiten Menschen selbst im Winter empfiehlt, Hautcremes mit teilweise hohem Lichtschutzfaktor zu verwenden, obwohl alle seriösen Daten darauf hinweisen, dass es in Deutschland einen massiven Vitamin-D-Mangel gibt, der unter ungünstigen Bedingungen zu einem Verlust an Knochensubstanz (Osteoporose) und anderen schweren Gesundheitsschädigungen führt, ist ein anderes, heute noch umstrittenes Beispiel.[6]

Noch vor wenigen Jahrzehnten haben Rekonvaleszente Kurorte mit radioaktiven Quellen aufgesucht, um einen vermeintlichen Heilungseffekt zu erzielen, während sich wenige Jahre später, auch im Zuge der Kernenergiedebatte, eine diffuse Strahlenangst ausbreitete, die zu massiven Widerständen in der Bevölkerung gegen Sendemasten und andere technische Einrichtungen führte, von denen nach dem Stand der Wissenschaft keine Gefahr ausgeht.

In der modernen medialen Welt, zumal in der digitalen Kommunikation über Social Media, sind die Prozesse der Aufmerksamkeitssteuerung erratischer und irrationaler geworden, da das traditionelle Gatekeeping über seriöse Medien keine große Rolle spielt. Fehlinterpretationen, die es immer gegeben hat, werden nicht mehr in der gleichen Weise durch eine Praxis des öffentlichen Vernunftgebrauchs gedämpft, sondern verbreiten sich ungefiltert in den Echokammern der sozialen Medien. Eine besonders negative Rolle spielt dabei die in unserem Jahrhundert dominierende Neigung zu Melodramen, zu deren Merkmalen unter anderem eine klare Schuldzuschreibung und Emotionalisierung durch dramatische Zuspitzung gehören. Dieser Erzählmodus ist längst nicht mehr auf die Literatur oder den Film beschränkt, er hat nicht nur Eingang in unsere alltägliche Kommunikationsform gefunden, sondern ist unterdessen auch in den klassischen Medien sichtbar, die gerade in Krisenzeiten verstärkt dem melodramatischen Modus verfallen. Emotionen werden hochgepeitscht, man sucht nach schlichten Erklärungen und damit leicht auszumachenden vermeintlich Schuldigen, die dann öffentlich angeklagt und ausgegrenzt werden.

Das Paradoxon der Aktivität

Untersuchungen zeigen, dass Menschen in weit höherem Maße bereit sind, Risiken auf sich zu nehmen, wenn diese mit eigenen Aktivitäten einhergehen.[7] So handeln Menschen äußerst risikoavers, wenn ihnen von anderen Gefahren drohen – ein banales Beispiel ist, dass Menschen, die selbst Auto fahren, sich sicherer fühlen, als wenn sie beifahren, obwohl im Durchschnitt dieser Unterschied nicht gerechtfertigt sein kann. Manche Berufe, die mit einem hohen individuellen Risiko bis hin zur Todesgefahr einhergehen, sind durchaus begehrt, wie zum Beispiel der des Feuerwehrmanns, des Elitesoldaten oder Kriegsreporters. In der Literatur wird dies häufig als Ausdruck von Irrationalität interpretiert. Vermutlich ist das jedoch eine Fehlinterpretation. Diesem Unterschied in der Risikoakzeptanz mag zwar in manchen Fällen auch eine Fehleinschätzung des Risikos zugrunde liegen, zum Beispiel dass das eigene Fahren weniger riskant sei als das der anderen Verkehrsteilnehmer, aber der Kern dieser Differenz ist woanders zu orten: Als Akteure haben wir die Vorgänge zumindest teilweise unter Kontrolle. Wir können das Ausmaß der Gefahr beeinflussen, wir gestalten unser eigenes Leben, und wir können von Fall zu Fall entscheiden, welches Risiko wir einzugehen bereit sind. Bei fremdauferlegten Risiken sind wir Objekt, nicht Subjekt. Es sind dann die Entscheidungen anderer, die ausschlaggebend dafür sind, welchem

Risiko wir ausgesetzt sind. Die Selbstwirksamkeit ist etwas, worauf wir auch dann Wert legen, wenn es mit Risiken verbunden ist. Risikominimierung – das wird hier deutlich – ist nicht das einzig relevante Lebensziel.

Das Paradoxon der zeitlichen Verzerrung

Wir beachten Gefahren, die nah bevorstehen, sehr viel eher als Gefahren, die erst zu einem weit späteren Zeitpunkt auftreten. Dies führt dazu, dass die Risikopraxis im Zeitverlauf nicht kohärent ist. Wenn geringe Aufwendungen ausreichen, um in fernerer Zukunft liegende Gefahren zu bannen, dann führt die Vernachlässigung dieser Gefahren, weil sie nicht unmittelbar bevorstehen, dazu, dass die Kosten der Risikobewältigung unnötig steigen. Gegenwärtig zeigt sich dieses Phänomen besonders deutlich angesichts der anthropogenen Klimaerwärmung. Die Unfähigkeit der wichtigsten Akteure in Politik und Wirtschaft, rechtzeitig einen nachhaltigen Entwicklungspfad der Weltwirtschaft einzuschlagen, führt zu drastisch steigenden Kosten, und manche Wissenschaftler vermuten, dass schon in wenigen Jahrzehnten die Bewältigung der Klimakrise unmöglich wird. Dies entspricht aber auch einem individuellen Verhaltensmuster: Wir lassen absehbare Gefahren unbeachtet, solange nahe liegende Ereignisse unsere Aktivitäten herausfordern. Dies ist einer der Gründe dafür, dass die individuelle Altersvorsorge von den meisten Menschen vernachlässigt wird. Eine Gegenmaßnahme besteht in einer Art Selbstbindung, zum Beispiel durch einen privaten Vertrag zur Altersversicherung oder in einer institutionellen, gesetzlich etablierten Vorsorge in Gestalt der staatlichen Rentenversicherung. Das, was Ökonomen als »zeitliche Diskontierung« bezeichnen, also die größere Gewichtung nahe liegender Ereignisse gegenüber späteren, führt zu einer im zeitlichen Verlauf irrationalen Risikopraxis – individuell wie kollektiv.

Das Paradoxon der Neuartigkeit

Neu auftretende Risiken finden weit mehr Beachtung als vertraute. So hat sich die Menschheit an die saisonale Grippe trotz hoher Opferzahlen gewöhnt. Weltweit sterben zwischen 300 000 und 600 000 Menschen an den Folgen einer Influenza, in Deutschland schwanken die Zahlen zwischen wenigen Hundert Todesfällen, zum Beispiel in der Grippesaison 2006/07, und über 25 000 Grippetoten 2017/18, aber es gibt Jahre mit weit mehr Todesfällen, wie während der Spanischen (1918/19) oder der Asiatischen Grippe (1957/58) mit Millionen von Toten.

Weltweit reagiert man allerdings mit Gegenmaßnahmen, die nur einen geringen Aufwand erfordern. Risikopersonen wird eine Impfung empfohlen, aber ein Lockdown wie bei Covid-19 wird nicht einmal in Betracht gezogen, obwohl die Opferzahlen zum Teil sehr hoch sind. Diese Verzerrung kann teilweise als rational gelten, nämlich als Ausdruck von Ungewissheit. Wenn man die Risiken nicht abschätzen kann, weil wegen der Neuartigkeit weder das Schadensausmaß noch die Wahrscheinlichkeit verlässlich geschätzt werden kann, dann empfiehlt es sich, risikoavers vorzugehen, das heißt vom größtmöglichen Schaden auszugehen und diesen zu minimieren. Aber die Verzerrung zugunsten vertrauter Risiken bleibt auch dann bestehen, wenn sich die Datenlage verbessert. Menschen nehmen neuartige Risiken als gefährlicher wahr als vertraute und sind entsprechend bereit, gegenüber neuartigen Risiken schärfere Maßnahmen zu ergreifen, während sie vertraute hinnehmen. In manchen Fällen führt dies zu einer Innovationsblockade: Die Risiken neuer Technologien werden systematisch überschätzt, während die der etablierten Technologien keine Aufmerksamkeit mehr finden.

Das Paradoxon der Risikobewältigung und Wahrscheinlichkeitsasymmetrie

Zahlreiche empirische Studien zeigen, dass die Risikobewältigung sich deutlich stärker an Schadensminimierung als an der Verminderung der Wahrscheinlichkeit orientiert, mit der der Schaden auftritt. Es scheint, dass die menschliche Wahrnehmung von Risiken Schwierigkeiten hat, die Symmetrie der Schadenswahrscheinlichkeit anzuerkennen: Ein doppelt so hoher Schaden, der mit halb so großer Wahrscheinlichkeit auftritt, stellt dasselbe Risiko dar, während dies in der Regel als Erhöhung des Risikos empfunden wird.

Dies führt dazu, dass große Schäden, die aber mit minimalen Wahrscheinlichkeiten einhergehen, in der Risikopraxis eine große Beachtung finden, während vergleichsweise kleine Schäden, die aber mit hohen Wahrscheinlichkeiten oder mit einem hohen Verbreitungsgrad auftreten, vernachlässigt werden. Dies macht sich besonders in unserem Gesundheitsverhalten bemerkbar: Die Erhöhung der Zahl von Todesfällen aufgrund nachlässigen Umgangs mit der eigenen Ernährung ist beträchtlich, findet aber in der gesundheitlichen Vorsorge kaum Aufmerksamkeit,[8] wohingegen Terrorakte, die nur einen winzigen Prozentsatz der Bevölkerung betreffen, große Ängste auslösen.

3 UTILITARISTISCHES RISIKOMANAGEMENT

oder: Was aus ethischer Sicht zu tun ist, wenn ein
Asteroid in 18 Tagen auf die Erde trifft

»Wir haben 18 Tage, bevor der Asteroid auf die Erde trifft.«

Mit dieser Hiobsbotschaft stürmt ein Wissenschaftler das
NASA-Kontrollzentrum. Der Schock ist groß, denn der Ein-
schlag würde die völlige Auslöschung jeglichen Lebens auf der
Erde bedeuten. Was also tun? Nach mehreren Stunden kommen die Wissenschaftler auf eine geniale Idee: Astronauten
müssen auf dem Asteroiden landen, ein Loch in ihn bohren, um
darin eine Atombombe zu platzieren, und dann das Ding in die
Luft sprengen. Nur so kann der Monsterasteroid davon abge-
halten werden, die Erde zu treffen.

Um ihren Plan zu realisieren, wird der beste Ölbohrer der
Welt engagiert: Harry Stamper. Dieser hat zwar gerade andere
Sorgen (seine Tochter hat sich in einen jungen, attraktiven
Angestellten von ihm verliebt), aber als er erfährt, worum es
geht, zögert er nicht. Die einzige Bedingung ist, dass er sein
eigenes Team ins All mitnehmen darf. Die Jungs werden nun im
Schnelldurchlauf zu Astronauten ausgebildet. Sie sind mit allen
Wassern gewaschen, doch diese Rettungsaktion ist selbst für sie
starker Tobak. Sie wissen, dass sie ihr Leben riskieren, aber sie
wissen auch, dass sie die letzte Hoffnung für die Menschheit
sind. Nach einem kurzen, intensiven Training geht es los: Sie
fliegen ins All.

Wie zu erwarten, tauchen bereits nach kurzer Zeit ernste
Probleme auf: Erst fliegt die russische Raumstation MIR, auf
der ein Zwischenstopp geplant war, in die Luft, und dann gibt es
auch noch Probleme bei der Landung auf dem Asteroiden. Die

Bodenbesatzung der NASA macht sich ernsthaft Sorgen und ist kurz davor, per Fernbedienung die Atombombe zu aktivieren. Zum Glück kann Stamper die NASA noch rechtzeitig von ihrem Plan abbringen, weil die Bombe noch nicht richtig platziert werden konnte und somit die ganze Aktion umsonst gewesen wäre.

Endlich können die Bohrarbeiten beginnen. Als das Loch groß genug ist, wird die Bombe hineingelassen. Es wäre alles gut, wenn nicht die Fernbedienung des Nuklearsprengkopfs kaputt wäre. Jetzt muss einer von den Jungs mit der Bombe in das Loch gelassen werden, um per Hand den Auslöser zu betätigen. Niemand von ihnen will sterben, und doch sehen alle ein, dass dies die einzige Lösung ist. Und so sind sie alle bereit, den Zufall darüber entscheiden zu lassen, wer sterben wird, um die Menschheit zu retten. Sie ziehen Strohhalme.

Tragische Situationen wie diese aus dem Blockbuster *Armageddon* sind auch in der Philosophie bereits viel diskutiert worden. Utilitaristen meinen, dass der letzte Maßstab immer die Summe des Nutzens für alle ist, was in diesem Fall selbstverständlich zur eindeutigen Konsequenz führt, dass das Leben des einen Retters geopfert werden muss. Kritiker des Utilitarismus meinen, dass es zwar geboten sein kann, sein eigenes Leben für das Leben und Wohl vieler anderer zu opfern, dass die Summe von Wohl und Leid aber dafür nicht die allein ausschlaggebende Größe ist. Radikalere Kritiker des Utilitarismus beharren sogar darauf, dass das individuelle Recht auf Leben und Würde in keinem Fall verletzt werden darf, womit die Frage der Freiwilligkeit ins Zentrum rückt. Eine Person darf selbstverständlich für sich entscheiden, ihr Leben für das Wohl des Ganzen zu opfern, aber andere dürfen ihr das nicht auferlegen. In unserem Filmbeispiel sind sich alle darüber einig, dass einer geopfert werden muss. Auch wenn sie den Zufall dann letztlich darüber »entscheiden« lassen, hat sich jeder von ihnen bereit erklärt, das Los, falls es auf ihn fallen sollte, anzunehmen.

Der Zufall »entscheidet« sich für den Verlobten von Stampers Tochter. Dieser ist auch klaglos bereit, das Opfer zu bringen. Doch Stamper hat andere Pläne. Er hat sich insgeheim entschlossen, den jungen Mann zu retten. Und so stößt er in letzter Sekunde den jungen Mann zurück in den Weltraumlift, um selbst in den Krater zu steigen und den Zünder zu betätigen. »Kümmere dich gut um meine Tochter. Ich werde verdammt stolz sein, wenn du sie heiratest. Ich liebe dich«, ist das Letzte, was er sagt. Als selbstbestimmter Akteur hat er beschlossen, nicht nur sein Leben für das Wohl der gesamten Menschheit, sondern auch für das Glück seiner Tochter zu opfern.

Der Utilitarismus ging ursprünglich von der These aus, dass Menschen ihr eigenes Wohl zur Richtschnur ihres Handelns machen sollen, ihre eigene Lust mehren und ihre eigene Unlust mindern. Jeremy Bentham, der Vater des britischen Utilitarismus, zog daraus den Schluss, dass eine rationale Politik, speziell die Gesetzgebung im Parlament, sich nicht an überkommenen, insbesondere von Bischöfen und Feudalherren vertretenen Prinzipien zu orientieren habe, sondern am allgemeinen Wohl, verstanden als die Summe des individuellen Wohlergehens. Dies war ein wichtiger Beitrag zu einer aufgeklärten, am allgemeinen Wohl orientierten Politik, die unter anderem dazu führte, dass das Leid der Armen in Form einer Armengesetzgebung und einer staatlichen Fürsorge Aufmerksamkeit bekam. Erst die Ausweitung des Utilitarismus zur allgemeinen Moraltheorie, die nicht nur Parlamentsentscheidungen anleiten sollte, sondern das Leben jeder einzelnen Person, machte den Webfehler deutlich: die Verbindung einer egoistischen Anthropologie (jeder Mensch versucht, sein eigenes Wohlergehen zu maximieren) und einer supererogatorischen Moral, wonach jede einzelne Handlung jeder Person darauf gerichtet sein sollte, das allgemeine Wohl zu maximieren und damit persönliche Lebensziele, Bindungen, Projekte und anderes, was dem Leben jeder einzelnen Person Sinn verleiht, hintanzustellen.

In der Folgezeit hat die utilitaristische Doktrin in vielfältiger Weise auf die Kritik reagiert. Eine besonders eindrückliche war die von John Stuart Mill, der Liberalismus und Utilitarismus in seiner Moral- und Sozialphilosophie zu verbinden versuchte, der auch als Vorstreiter für Frauenrechte in Erscheinung getreten ist und der für einen qualitativen Utilitarismus argumentierte, wonach es nicht lediglich um das Wohlergehen der Menschen geht, sondern auch um die Qualität ihres Lebens, sodass er sagen konnte: »Es ist besser, ein unzufriedener Mensch zu sein als ein zufriedenes Schwein, besser ein unzufriedener Sokrates als ein zufriedener Narr. Und wenn der Narr und das Schwein anderer Ansicht sind, dann nur deshalb, weil sie nur die eine Seite der Angelegenheit kennen. Die andere Partei kennt beide Seiten.«

Im zeitgenössischen Konsequentialismus wurde die qualitative Variante des Utilitarismus zu folgender These radikalisiert: Das ethische Maß ist die Erfüllung von Präferenzen, die Individuen haben, unabhängig davon, wie diese Präferenzen motiviert sind. Der Konsequentialismus behält allerdings die zentrale Gemeinsamkeit mit dem klassischen Utilitarismus bei, wonach es ausschließlich die Konsequenzen einer Handlung für Wohlergehen beziehungsweise Präferenzenerfüllung sind, die darüber entscheiden, ob eine Handlung moralisch richtig, erlaubt, geboten oder verboten ist.

Die Gegenströmung zum Utilitarismus/Konsequentialismus ist die deontologische Ethik. Sie beharrt darauf, dass es Normen gibt, deren Einhaltung unabhängig davon geboten ist, ob damit die Konsequenzen des Handelns optimiert werden. So sei es zum Beispiel geboten, seine Versprechungen zu halten, auch wenn deren Befolgung nicht die optimalen Konsequenzen für Wohlergehen beziehungsweise Präferenzenerfüllung hat. Menschen haben individuelle Rechte, die man auch dann nicht verletzen darf, wenn deren Verletzung zum allgemeinen Wohl beiträgt. Die Gerechtigkeit verbietet, Menschen schlechter zu stellen, auch dann, wenn damit die Wohlergehens- beziehungsweise die Präferenzenerfüllung in der Gesellschaft größer würde. In unserem Beispiel heißt es also, dass es nicht schon allein deswegen gerechtfertigt sein kann, einen Menschen zu opfern, weil dies dem allgemeinen Wohl zugutekäme. Wir dürfen einen schwer verletzten, mit dem Tode ringenden Motorradfahrer – um ein berühmtes Beispiel aus der zeitgenössischen Ethikdebatte zu zitieren – auch dann nicht unbehandelt sterben lassen, wenn die durch seinen Tod verfügbaren Spenderorgane mehreren Menschen auf den Wartelisten von Eurotransplant das Leben retten oder ihren Tod in der Summe um Jahrzehnte hinausschieben würden, und erst recht nicht dürften wir den Schwerverletzten töten, dies wäre, unabhängig von den genannten positiven Nebeneffekten, Mord oder Totschlag und würde mit Gefängnis bestraft werden.

Wir nehmen im Folgenden eine deontologische Position ein.[9] Es handelt sich dabei nicht lediglich um eine Positionierung innerhalb der Moralphilosophie, sondern um ein Merkmal unserer Alltagsmoral und unseres Rechtssystems. In unserer Alltagspraxis berücksichtigen wir selbstverständlich auch immer die Konsequenzen unseres Handelns, aber das ist nicht der allein ausschlaggebende Gesichtspunkt, vielmehr nehmen wir Rücksicht auf individuelle Rechte anderer, auf Verpflichtungen, die wir eingegangen sind (Versprechen, Vereinbarungen, Verträge etc.), auf Pflichten, die mit bestimmten sozialen Rollen verbunden sind (Elternschaft, Freundschaft, professionelle Rollen etc.), und auf Prinzipien der Gerechtigkeit, vor allem solche der Nicht-Diskriminierung.

Auch das Rechtssystem ist zweifellos deontologisch verfasst. Das gilt nicht nur für das deutsche, sondern für alle Rechtssysteme in demokratischen Staaten. Das Grundgesetz macht dies besonders deutlich, indem es mit 19 Artikeln beginnt, die jeweils individuelle Rechte und Freiheiten beschreiben, angefangen bei dem individuellen Recht, in seiner Würde nicht verletzt zu werden (Artikel 1 [1]: »Die Würde des Menschen ist unantastbar …«), über das Recht auf Leben (Artikel 2 [2]: »Jeder hat das Recht auf Leben und körperliche Unversehrtheit …«) bis hin zur Freiheit der Berufswahl, Religionsausübung, zum Versammlungsrecht, zur Wissenschaftsfreiheit, Kunstfreiheit etc. Ganz ähnlich in dem wichtigsten Dokument der Vereinten Nationen, der Allgemeinen Erklärung der Menschenrechte vom 10. Dezember 1948. Wer also für eine ausschließlich konsequentialistische ethische Beurteilung von Risiken plädiert, verabschiedet sich von der alltäglichen moralischen Praxis und gerät in Konflikt mit dem demokratischen Rechtsstaat.

Zweifellos ist es verführerisch, die Kohärenz der Risikobeurteilung dadurch sicherzustellen, dass man jeweils ein Schadensmaß zugrunde legt, zum Beispiel die Anzahl der Todesfälle, und dann zu berechnen versucht, welche Praxis dieses Schadensmaß bei gegebenen Wahrscheinlichkeiten minimiert. Es sind zahlreiche Argumente im Umlauf, die die Irrationalität der Risikopraxis durch den Verweis darauf nachzuweisen versuchen, dass das Schadensmaß nicht minimiert wird. Kernenergiebefürworter betonen, dass die Anzahl der Todesfälle durch Reaktorunfälle im Vergleich zu anderen Risiken gering geblieben sei. Andere monieren, dass ein Verbot von Alkohol oder eine Abschaffung des Individualverkehrs Tausenden das Leben retten würde. Viele halten Verhaltenseinschränkungen dann für gerechtfertigt, wenn sie der Volksgesundheit dienen.

Das Problem dieser konsequentialistischen Beurteilung ist, dass alle anderen moralisch relevanten Aspekte außer der Folgenoptimierung ausgeklammert werden. So gehört es zum individuellen Recht auf die eigene Lebensgestaltung, selbst zu entscheiden, welche Risiken ich für mich auf mich nehmen möchte. In einer freiheitlichen Demokratie ist es erlaubt, regelmäßig dem Alkohol zuzusprechen, selbst dann, wenn dies zur Schädigung der eigenen Gesundheit führt und in

Gestalt eines öffentlichen, durch die Allgemeinheit finanzierten Gesundheitswesens Kosten verursacht.

Ansonsten würden wir in einer Gesellschaft leben, wie sie Marco Brambilla für seine Hollywood-Dystopie *Demolition Man* aus dem Jahr 1993 imaginiert hat. In dieser fiktiven Gesellschaft haben sich die Menschen – nach mehreren viralen Epidemien – dazu entschlossen, einem Führer zu folgen, der ihnen ein sicheres und gesundes Leben verspricht. Sein Versprechen hat er zwar gehalten, dafür aber die Gesellschaft in eine aseptische Gemeinschaft verwandelt, in der die Mitglieder (»Bürger« kann man sie nicht nennen) ohne menschliche Berührung nebeneinanderher leben, stets bemüht, die Regeln zu befolgen und immer einer Meinung zu sein. Das System ist einfach: Alles, was für Menschen nicht gut ist, wird von der Regierung verboten, also Nikotin genauso wie Alkohol, Koffein, Kontaktsport oder der Verzehr von Fleisch. Darüber hinaus Schimpfwörter, Benzin, Schokolade, Spielzeug ohne pädagogischen Wert und scharfe Speisen. Schwangerschaften dürfen nur dann angestrebt werden, wenn man dazu die Erlaubnis hat und diese unter idealen Bedingungen in einem Labor hergestellt werden.

Ebenso ist die Verteilung von Risiken für die moralische Beurteilung relevant. Wenn diejenigen Menschen, die im Umfeld eines Reaktors leben, bei einem Unfall mit unaussprechlichem Leid in Gestalt von Tausenden von Krebserkrankungen, Todesfällen durch Verstrahlung, Verlust ihrer Heimat konfrontiert sind, wie es in Tschernobyl oder Fukushima der Fall war, dann lässt sich dieses Leid nicht durch den Verweis darauf relativieren, dass es nur einen kleineren, begrenzten Teil der Bevölkerung betrifft. Menschen einem solchen Risiko auszusetzen ist auch dann unzulässig, wenn dadurch Vorteile, die andere zum Beispiel in Form einer günstigen Energieversorgung hätten, kompensiert wären.

Eine über Sozialstaatlichkeit und öffentliche Gesundheitsversorgung organisierte Solidarität rechtfertigt individuelle

Freiheitseinschränkungen nicht. Sozialstaatlichkeit darf nicht in einer utilitaristischen Abwägung von Menschenleben gegen Menschenleben und gesundheitlichen Vorteilen gegen gesundheitliche Vorteile enden. Menschen sollen Autoren und Autorinnen ihres Lebens werden, sein und bleiben, die freiheitliche Demokratie sorgt dafür, dass sie dazu auch unter erschwerten Umständen in der Lage sind, und die Ergänzung liberaler Freiheitsrechte durch soziale Anspruchsrechte darf nicht zu einer Gefährdung Ersterer führen. Allenfalls in Ausnahmefällen einer katastrophalen Zuspitzung gesundheitlicher Risiken durch Naturereignisse oder Seuchen können Freiheitsrechte auf Zeit limitiert oder gar ausgesetzt werden, wie wir es in der Covid-19-Pandemie erlebt haben. Die dann wirksame Rechtfertigung durch allgemeine Gesundheitsrisiken darf aber nicht zur Norm werden, weil damit die schiefe Ebene immer weiterer Freiheitseinschränkungen zugunsten des allgemeinen Wohls die Folge wäre. Programmatisch kann man unsere Position folgendermaßen fassen: Optimierung von Risiken ja, aber nur im Rahmen der Gewährung individueller Rechte und Freiheiten und in den Grenzen, die uns allgemeine Gerechtigkeit setzt.

4 INDIVIDUALRECHTE IN RISIKOSITUATIONEN

oder: Warum das Leben von Astronauten nicht durch Aliens in Gefahr gebracht werden darf

Die Crew der Nostromo *hatte ja keine Ahnung, worauf sie sich eingelassen hatte. Nach vielen Jahren ist sie gerade aus dem Kälteschlaf aufgewacht und auf dem Heimweg zur Erde, da wird der Raumfrachter vom Bordcomputer MU/TH/UR (gesprochen »Mother«) plötzlich gezwungen, einen Kurswechsel zu vollziehen, um auf einem Planeten zu landen, von dem aus ein anderes Raumschiff einen Notruf gesendet hat. Doch als sie dort landen, sehen sie, dass jede Hilfe für das Schiff und seine Mannschaft zu spät kommt: Die zerstörte Raumfähre hat einen totalen Crash erlitten, die Besatzung ist tot. Dafür finden die vermeintlichen Retter seltsame eiförmige Gebilde, in deren Innerem sich etwas Lebendiges zu regen scheint. Als eines der Besatzungsmitglieder einem seltsamen Ei zu nahe kommt, springt ein krabbenähnliches Lebewesen heraus und umfasst sein Gesicht mit seinen Beinen. Die Mannschaft bringt das befallene Crewmitglied – unter Umgehung der Quarantänevorschriften – zurück an Bord. Doch selbst dort gelingt es ihnen nicht, die Kreatur von dem Mann zu lösen. Umso erleichterter sind sie, als das seltsame Wesen schließlich von selbst von dem Gesicht ablässt und stirbt. Was sie jedoch nicht wissen, ist, dass der Alien kurz vor seinem Ableben einen Fötus ins Innere des Mannes geschleust hat. Nur wenige Tage später bahnt sich der neue Alien seinen Weg durch die Bauchdecke des Mannes und tötet dabei seinen Wirt. Die unheimliche Kreatur entkommt durch die Lüftungsschächte und wird bald zur größten Bedrohung für alle Menschen an Bord, denn sie entpuppt sich als*

*blutrünstiges Monster, das ein Besatzungsmitglied nach dem
anderen tötet. Hinzu kommt, dass die* Nostromo *inzwischen
wieder Kurs auf die Erde genommen hat. Kaum auszudenken,
was auf der Erde passieren wird, wenn das Monster erst einmal
dort landet.*

*Die Astronautin Ripley versucht, das Raumschiff umzupro-
grammieren, doch der Bordcomputer lässt es nicht zu, was
daran liegt, dass er von der Firma programmiert wird, die das
Raumschiff gechartert hat. Diese aber hat sich entschlossen, den
Alien um jeden Preis auf die Erde zu bringen, wo sie ihn an
Wissenschaftler übergeben will, die ihn weiter untersuchen
sollen. Schon möglich, dass die wissenschaftlichen Untersuchungen, die auf der Erde mit dem Alien angestellt würden,
ungemein aufschlussreich wären, vielleicht sogar wichtige Erkenntnisse lieferten, die für das Fortbestehen der menschlichen
Rasse von Bedeutung wären. Trotzdem sind wir gemeinsam mit
der Heldin Ripley entsetzt zu erfahren, dass die Firma bewusst
das Risiko eingeht, einen Teil der Besatzung oder sogar die
gesamte Crew während der Reise zurück zur Erde zu verlieren.
Angesichts dieser Ungerechtigkeit kocht Ripley vor Wut. Womöglich ist es genau diese Wut, die ihr den Mut verleiht, gegen
den Alien zu kämpfen – erstens, um nicht von ihm getötet zu
werden, und zweitens, um die Menschen auf ihrem Heimat-
planeten vor ihm zu bewahren.*

Prinzipiell habe ich kein Recht, anderen ein Risiko gegen
ihren Willen aufzuerlegen, und andere haben kein Recht, mir
ein Risiko gegen meinen Willen aufzuerlegen. Das Selbstbestimmungsrecht triumphiert gegenüber eigenen und frem-
den Vorteilen. Ich habe das Recht, mich zu beschädigen bis
hin zum Suizid. Niemand hat ein Recht, mich daran zu hindern. Es fällt uns schwer, tatenlos zuzusehen, wenn wir erkennen, dass Menschen sich zugrunde richten. Und wenn wir in
einer persönlichen Beziehung zu einem solchen Menschen
stehen, dann haben wir vielleicht sogar die Pflicht, auf sie
oder ihn einzuwirken, darauf aufmerksam zu machen, in wel-

chem Maße eine Selbstschädigung stattfindet, zu mahnen, das Verhalten zu ändern. Zugleich ist uns bewusst, dass wir uns auf einem schmalen Grat zwischen empathischer Anteilnahme und dem daraus resultierenden Versuch der Beeinflussung und dem Respekt vor der Autonomie einer erwachsenen, zurechnungsfähigen Person bewegen. Empathie kann in Co-Abhängigkeit umschlagen, wie in dem Film *Leaving Las Vegas*, in dem die Partnerin eines Alkoholikers ihm erst die Möglichkeit verschafft, sich zugrunde zu richten, obwohl sie genau das natürlich nicht will. Eine solche Person alleinzulassen, sie ihrem Schicksal auszuliefern kann unter Umständen die ansonsten kaum erreichbare Einsicht ermöglichen, dass der eingeschlagene Weg falsch ist. Es mag der eigenen Intuition widersprechen, aber Hilfe kann das Leiden verlängern, Hilfsverweigerung kann es verkürzen.

Trotz dieser Differenzierung darf man das Prinzip der Eigenverantwortung nicht infrage stellen: Erwachsene, zurechnungsfähige Menschen sind einander nie Vormund, sondern allenfalls Partner, Vertraute, Freunde, Geliebte. Sie nehmen Anteil, aber die letzte Verantwortung bleibt bei der jeweiligen Person.

Für die Risikoethik heißt dies, dass ich nicht berechtigt bin, für jemand anderen Risiken und Chancen abzuwägen und dieser Person aufzuerlegen. Wenn ich zum Beispiel zu dem Ergebnis komme, dass eine bestimmte Geldanlage mit hoher Wahrscheinlichkeit einen großen Gewinn erbringen wird und nur mit sehr geringer Wahrscheinlichkeit einen geringen Verlust, so darf ich diese auch dann nicht tätigen, wenn mir diese Person eine Vollmacht über ihr Konto eingeräumt hat. Ohne ihre Zustimmung darf ich ihr keine Risiken auferlegen, so rational die Entscheidung auch immer wäre.

Daraus ergibt sich, dass man sehr genau unterscheiden muss zwischen Risiken, die man selbst wählt, und Risiken, die andere einem auferlegen. Prinzipiell darf jede Person sich selbst beliebige Risiken auferlegen, vorausgesetzt, sie ist erwachsen und zurechnungsfähig. Hingegen ist niemand berechtigt, anderen Menschen – ohne deren Zustimmung – Risiken aufzuerlegen. In der empirischen Risikoforschung wird gelegentlich auf die Irrationalität hingewiesen, die darin besteht, dass Menschen bereit sind, Risiken in hohem Maße auf sich zu nehmen, wenn sie dies freiwillig tun (wie dies etwa bei Alkohol- oder Nikotingenuss der Fall ist), während die meisten weitaus risikoaverser reagieren, wenn ihnen die Risiken von außen aufgezwungen werden (wie etwa bei Risiken durch Kernenergie oder Rückstände von Pestiziden in der Nahrung).[10] Diese Interpretation beruht jedoch auf einem Denkfehler. Niemand hat das Recht, mir Risiken aufzuerlegen, während ich selbst das Recht habe, Risiken in beliebigem Umfang in Kauf zu nehmen. Die vermeintliche Irrationalität ist Folge eines ethischen Prinzips, nämlich dessen der Autonomie. Autonomie zu respektieren heißt, anderen Menschen keine Risiken aufzuerlegen, aber selbst über eigene Risiken entscheiden zu können.

Menschen, die Risikosportarten betreiben, erhöhen, zumal in jungen Jahren, das Risiko pro Zeiteinheit, sich schwer zu verletzen oder gar zu Tode zu kommen, beträchtlich. Das gilt auch für so verbreitete Sportarten wie Flaschentauchen oder Reiten. Dennoch sind diese Sportarten nicht verboten. Das Risiko, beim Paragliding zu Tode zu kommen, ist weit höher als bei unangeschnalltem Autofahren,[11] dennoch gibt es Anschnallpflicht, aber kein Verbot des Paraglidings. Dies ist ein Beispiel dafür, dass wir an der Kohärenz der etablierten Risikopraxis zweifeln müssen. Motorradfahren ist – mit Helm – erlaubt, obwohl die Wahrscheinlichkeit, dabei zu Tode zu kommen, deutlich höher ist, als unangeschnallt Auto zu fahren.[12] Konsequenter wäre es, alle Formen der Auferlegung von Risiken gegenüber anderen einzuschränken oder gesetzlich zu untersagen, aber Risiken, die Menschen sich selbst auferlegen, nicht zu sanktionieren, schließlich ist auch ein Suizidversuch in Deutschland nicht strafbar. Eine Konsequenz wäre, dass die Anschnallpflicht nur zu rechtfertigen wäre, wenn sie andere Menschen schützt.

In der Covid-19-Pandemie wurde besonders in den ersten Wochen Solidarität eingefordert. Solidarität von denjenigen, die selbst ein geringes Risiko tragen, gegenüber denjenigen, die vulnerabel sind. Die Jüngeren und Gesunden sollten vermeiden, sich zu infizieren, um Ältere und Vorerkrankte vor Infektionen zu schützen. Dies ist eine plausible und ethisch wohlbegründete Forderung. Allerdings kann sie nur gelten, solange es diesen Zusammenhang gibt zwischen Fremd- und Eigengefährdung. Wenn es zum Beispiel gelänge, die vulnerablen Personen in der Gesellschaft zu schützen, wäre diese Forderung nicht mehr begründet. Vorschläge, die in diese Richtung gingen, wurden allerdings dann mit dem Argument konfrontiert, eine solche Unterscheidung zwischen denjenigen, die ein geringes Risiko tragen, und denjenigen, die ein hohes Risiko tragen, sei diskriminierend. Kritiker hielten dem wiederum entgegen, dass es doch abwegig sei, alle zu zwingen, im Rollstuhl zu sitzen, wenn einige im Rollstuhl sitzen müssten.[13] In der Tat scheint es abwegig zu sein, alle Maßnahmen für alle zu fordern, obwohl die Beschränkung dieser Maßnahmen auf vulnerable Gruppen ausgereicht hätte. Dennoch bleibt das ernst zu nehmende Argument der Diskriminierung. Je länger eine solche Situation nämlich anhält, desto problematischer wird eine Ungleichbehandlung von Bevölkerungsgruppen, auch wenn diese unterschiedlichen Risiken ausgesetzt sind. Die Lage ändert sich allerdings sofort, wenn diese Maßnahmen nicht als Zwang, sondern auf freiwilliger Basis erfolgen. Wenn zum Beispiel die allein lebenden vulnerablen Personen nicht mehr gezwungen sind, sich Risiken auszusetzen, zum Beispiel beim Einkaufen, dann entscheiden sie selbst über das Risiko, das sie eingehen. Und wenn sie ihr Risiko minimieren wollen, können sie in ihren Wohnungen verbleiben und werden, staatlich organisiert, mit dem Nötigen versorgt. Die Tatsache allein, dass besonders Vulnerable auch besonderen Schutz erhalten, ist selbstverständlich nicht diskriminierend, sondern im Gegenteil wäre es eine Diskriminierung der Schutzbedürftigen, wenn man ihnen den Schutz versagte.

Individuelle Rechte und der Respekt vor der Autonomie der Person schränken die Auferlegung von Risiken ein, aber nicht die Entscheidung darüber, welche Gefahren eine Person für sich selbst in Kauf zu nehmen bereit ist. Auch dann, wenn diese Gefahren mit Kosten für die Allgemeinheit verbunden sind, was in entwickelten Sozialstaaten mit öffentlicher Gesundheitsvor- und -nachsorge die Regel ist. Die Tatsache, dass etwa Alkoholiker oder Raucher die Allgemeinheit mit Kosten stärker belasten als diejenigen, die auf ihre Gesundheit achten, darf nicht dazu führen, dass Alkohol oder Rauchen verboten werden.

Es besteht ein grundlegender Konflikt zwischen Freiheitsrechten auf der einen und kollektiver Optimierung auf der anderen Seite.[14] Es gibt, so könnte man es auch formulieren, »Kosten der Freiheit«, die wir tragen müssen, wenn wir die individuelle Autonomie aller Menschen respektieren wollen.

5 PATERNALISMUSKRITIK

oder: Warum es gerechtfertigt ist, dass Kinder sich idealen Erziehungsprogrammen widersetzen

Es ist Nacht. Die Sterne am Himmel scheinen über die Wälder Nordamerikas. Auf einer Lichtung sitzt Ben, der bärtige Familienvater, mit seinen sechs Kindern um ein Lagerfeuer. Die Kinder lesen alle still in dicken Büchern. Ihre Lektüre besteht aus Romanen, marxistischen Schriften und quantenphysikalischen Artikeln. Der Vater beobachtet seine Kinder aufmerksam. Er macht sich in einem in Leder gebundenen Buch Notizen.

»Zaj«, fragt er seine jüngste Tochter. »Welche Seite?«

»398«, antwortet diese pflichtbewusst.

»Wenn du den Zeitplan für den Test einhalten willst, bleiben dir noch genau acht Tage, okay?«

Zaj nickt.

»Vesp? Wie kommst du voran?«, erkundigt er sich bei seiner ältesten Tochter.

»Ich bin fertig mit Kapitel 12, ›The World on a String‹«, erwidert diese ruhig und bestimmt.

»Hast du irgendwelche Probleme mit der Quantenverschränkung? Planck-Länge versus Planck-Zeit?«

Sie sieht ihn achselzuckend an. »Ich komm klar«, antwortet sie.

»Gut, dann gib uns morgen eine kurze Einführung in die M-Theorie und diskutiere mit Bo und Rell über Witten und Dirac.«

Auch damit scheint Vesp keine Probleme zu haben. Nur ihr Bruder Rellian, der gerade Die Brüder Karamasow *liest, schüttelt bei dieser Ansage kurz den Kopf, wagt aber nicht zu wider-*

sprechen. Kein Wunder, ist Ben, der Vater, doch mit einer natürlichen Autorität ausgestattet. Er hat sich für seine Kinder ein Ausbildungsprogramm ausgedacht, an das er sich strikt hält und das sie pflichtbewusst einhalten. Als Erstes gibt es morgens ein hartes Sportprogramm, dann ein Überlebenstraining, dann gehen alle jagen, üben schießen und bereiten das Essen vor. Für den Rest des Tages ist intellektuelle Arbeit an der Reihe. Das Lehrprogramm des Vaters ist ganz schön anspruchsvoll. Allerdings kann sich das Ergebnis sehen lassen: Die Kinder sind nicht nur extrem geschmeidig, stark und geschickt, sondern auch noch gebildet.

Ihnen fehlt es nur an einem, und das ist soziale Erfahrung mit anderen Menschen aus der »richtigen« Welt, der Welt da draußen. In den wenigen Situationen, in denen sie mit Kindern aus anderen, »normalen« Familien zu tun haben, sind sie – so wie etwa der fast erwachsene Bo, der angesichts von jungen Mädchen kein Wort herausbringt – hilflos und unerfahren. Diesen Mangel aber nimmt der Vater gerne in Kauf. Zusammen mit seiner Frau hatte er sich kurz nach der Geburt des ersten Sohnes entschieden, seine Kinder in der Wildnis »nach Platons Prinzipien« zu erziehen. Körper und Geist sollten unterrichtet und perfektioniert werden. So hat er sich in den Wäldern seine eigene ideale kleine Welt geschaffen, eine Welt, bestehend aus kleinen Hütten, Gemüsegärten und nur ab und zu ein paar zivilisatorischen Hilfsmitteln wie etwa einem großen Wassertank, einem ausrangierten Schulbus namens Steve und einem Plattenspieler. Ben ist ein überzeugter Aussteiger, der mit unermüdlicher Disziplin an seinem Traum festhält und diesen in die Realität umsetzt. Er ist das ungekrönte Oberhaupt der Familie, Captain Fantastic. Zwar fördert Ben Debatten und glaubt an die Demokratie, duldet aber innerhalb seiner Familie keinen Widerspruch. Wenn er beschließt, dass die Familie etwas tun muss, dann geschieht das auch. Sein Lebensprogramm erfordert nicht nur einen ungeheuren Aufwand, sondern auch absoluten Gehorsam von seinen Kindern.

Der Einzige, der seinem Vater Paroli bietet und für sich in Anspruch nimmt, über sein eigenes Leben selbst bestimmen zu wollen, ist Rellian, der zwölfjährige Sohn. Die Spannung zwischen dem Wunsch nach Selbstbestimmung und der Unterwerfung unter den Willen des Vaters wird bereits in einer der ersten Szenen des Films deutlich, in der Ben damit anfängt, auf einer Gitarre ein Lied anzustimmen. Es dauert nicht lange, und die anderen Kinder holen ebenfalls ein Instrument heraus. Sie grooven sich in den Rhythmus und die Melodie des Vaters ein, bis ein harmonisches, leises Lied ertönt. Plötzlich aber beginnt Rellian, auf einer Cajón einen völlig anderen, schnelleren Rhythmus zu schlagen. Ben und die anderen Kinder hören auf zu spielen und sehen Sohn und Bruder irritiert an. Mit dieser Handlung macht der Film auf metaphorische Weise deutlich, dass der Junge danach strebt, seine eigene Persönlichkeit auszudrücken, und es nicht einsieht, warum er immer nur nach der Pfeife des Vaters tanzen soll. Im Laufe des Films wird Rellians Wunsch nach Selbstbestimmung immer stärker, bis er schließlich seinem Vater verkündet, bei den Großeltern bleiben und ein »normales« Leben führen zu wollen.

Ben fühlt sich vor den Kopf gestoßen und will seinen Sohn nicht kampflos aufgeben. Doch darf ein Vater über seine Familie auf quasi absolutistische Weise herrschen? Dies ist die zentrale Frage des Films, der schließlich so endet, dass der Vater einsieht, dass er seinen Kindern seinen eigenen Lebensplan nicht aufdrängen darf. Er gibt dem Wunsch seines Sohnes nach und lässt ihn zusammen mit den anderen Kindern bei den Großeltern. Zum ersten Mal erleben die Kinder ihren Vater demütig. Er ist bereit, Fehler einzugestehen und auch andere mitentscheiden zu lassen. Ben verabschiedet sich und fährt los. Nach mehreren Stunden erlebt er jedoch die Überraschung seines Lebens: Die Kinder – auch Rellian – sind doch mitgekommen. Sie hatten sich die ganze Zeit über im Bus versteckt. In der letzten Szene sehen wir – anknüpfend an die Anfangsszene – die Kinder und Ben gemeinsam dasitzen und lesen. Diesmal *aber sitzen sie nicht an einem Lagerfeuer, sondern an einem Tisch. Und sie befinden sich auch nicht in einem Wald, sondern in einem Haus. Ihre Lektüre besteht aus Büchern, die nicht der Vater ihnen gegeben hat, sondern die Schule. Die Kinder und auch Ben, der bis dahin als eine Art absolutistischer Fürst über seine Familie geherrscht hat, haben sich in die Gemeinschaft der Menschen eingereiht. Ben hat seine Macht freiwillig beschränkt und die Erziehung der Kinder nicht nur an den Staat, sondern auch ein Stück weit an sie selbst abgegeben – ganz so, wie sie es für sich eingefordert hatten.*

Die vermutlich am meisten gelesene Schrift von John Locke ist der sogenannte *Second Treatise*. In dieser Abhandlung kritisiert John Locke die traditionelle Rechtfertigung fürstlicher Herrschaft. Er wendet sich ausdrücklich gegen einen damals einflussreichen, heute weitgehend vergessenen, glühenden Verteidiger des Feudalismus, Sir Robert Filmer. Dieser hatte argumentiert, dass in jeder Familie ein Oberhaupt erforderlich sei, dem die übrigen Familienmitglieder, Frauen, Kinder und Gesinde, untergeordnet seien. Dieses Oberhaupt hat die sittliche Pflicht, seine Weisungen am Wohlergehen der ihm unterstellten Familienmitglieder auszurichten. Eine derartige Herrschaft ist keine totale, es handelt sich nicht um eine Herrschaft im eigenen Interesse, sondern um einen wohlwollenden Paternalismus. Nach diesem Modell, so Filmer, sei auch der Staat zu orientieren. Nur das entspräche der natürlichen und göttlichen Ordnung. Der König oder der Fürst nehmen gegenüber ihren Untertanen die Rolle des Familienoberhaupts ein.

John Locke hatte gegen dieses Modell paternalistisch-fürstlicher Herrschaft nicht etwa eingewandt, dass es zur Ausbeutung und Unterdrückung führe, dass also die Fürsten ihre Macht missbrauchten – was sie selbstverständlich oft genug taten –, sondern dass es keine Herrschaftsordnung von Natur aus gebe, dass jedes menschliche Individuum mit dem unveräußerlichen Recht auf Leben, körperliche Unversehrtheit und rechtmäßig erworbenes Eigentum geboren werde, ja dass diese Ausstattung mit Individualrechten Ausdruck der Tatsache sei, dass in letzter Instanz jedes menschliche Individuum Eigentum Gottes sei und bleibe, wie er als frommer Christ hinzufügte. Locke war optimistisch, was die Einsicht der Menschen anbetrifft. Er meinte, dass wir wechselseitig bereit sind, diese Rechte zu respektieren, aber da wir uns gelegentlich uneinig sind, wie die Grenzen individueller Freiheit durch diese Rechte genau gezogen sind und, mehr noch, in welcher Weise Übertretungen in Form der Selbstjustiz geahndet werden dürfen, bedarf es eines Rechtsstaats, der die Einhaltung dieser individuellen Rechte überwacht und gegebenenfalls ihre Übertretung sanktioniert. Der Staat ist im Kern eine Rechtsordnung zur Wahrung individueller Freiheit, auf die jedes menschliche Individuum Anspruch hat, unabhängig davon, wie die staatliche Ordnung gestaltet ist. Dieser Anspruch besteht also auch dort, wo die Gesetze Individualrechte missachten. Und er besteht sogar außerhalb jeder staatlichen Ordnung, im Naturzustand.

Für unsere Zwecke interessant ist hier, dass John Locke nicht die mangelnde Effektivität der feudalen Ordnung für das Wohlergehen der Untertanen kritisiert, sondern ihre Unvereinbarkeit mit menschlicher Freiheit. Jede umfassende Krise steht in diesem Spannungsverhältnis zwischen wünschenswerten Zielen (Gesundheit, ökonomische Prosperität etc.) und der Freiheitsordnung, die durch den Triumphzug des Liberalismus im 19. Jahrhundert zur Grundlage der modernen Demokratien geworden ist. Die demokratische Rechtsordnung ist deontologisch verfasst. Sie bestimmt Rechte und Freiheiten von Individuen und schränkt damit vor allem staatliches Handeln gegenüber den Individuen, aber im Zuge der Drittwirkung von Recht auch das Handeln nicht staatlicher Akteure ein. Gesundheitsschutz oder andere Schutzgüter rechtfertigen prinzipiell nicht die Außerkraftsetzung oder gar Zerstörung dieser deontologischen Ordnung von Rechten und Freiheiten. Sonst wäre der paternalistische Feudalismus, der Leben, Gesundheit und Wohlergehen seiner Untertanen schützt, wie Filmer sich das vorstellte, legitim. Wer den Feudalismus kritisiert, nicht weil er das Wohlergehen der Untertanen gefährdet, sondern weil er unvereinbar ist mit der individuellen Autonomie, der darf nicht zulassen, dass im Zeichen des Lebens und Gesundheitsschutzes der Bevölkerung die normative Ordnung, die die Demokratie trägt, gefährdet wird. Diese normative Ordnung ist nur um den Preis aufrechtzuerhalten, dass im Einzelfall kollektive Vorteile nicht realisiert werden, um individuelle Rechte und Freiheiten zu wahren. Das individuelle Recht, über das Maß des Alkoholkonsums selbst zu bestimmen, hat, statistisch belegt, schädliche Auswirkungen auf die Volksgesundheit, dennoch wäre die Einschränkung dieses Rechts mit der individuellen Autonomie erwachsener Personen unvereinbar und damit normativ inakzeptabel.

Die Demokratie ist jedoch nicht nur eine Rechtsordnung, sondern auch eine kulturelle Verfassung. Sie beruht auf und ist abhängig von einer alltäglichen Praxis des wechselseitigen Respekts und gleicher Anerkennung. Ohne autonomiesichernde Interaktionen im Alltagsleben verliert die Demokratie an normativer Substanz und riskiert am Ende ihr rechtliches Fundament. Deswegen ist die Ermächtigung des Staates zu Freiheitseingriffen so restriktiv wie nur möglich zu gestalten, Notstandsgesetze sind ein gefährliches Einfallstor demokratiegefährdender Entwicklungen, die den Umschlag in die Diktatur, ja sogar, wie die Machtergreifung Hitlers gezeigt hat, in die totalitäre Terrorherrschaft möglich machen. Es ist verständlich, dass eine verängstigte Bevölkerung dem Staat zum eigenen Schutz umfangreiche Vollmachten einzuräumen bereit ist. Zugleich aber muss gegen die damit einhergehende Aushöhlung der normativen Substanz frühzeitig Stellung bezogen werden, um auch in Krisenphasen die freiheitliche Substanz der Demokratie nicht zu gefährden.

Alle zeitgenössischen Demokratien beruhen allerdings nicht nur auf dem von John Locke skizzierten Fundament individueller Rechte und Freiheiten, sondern auf staatlich organisierter Solidarität der Sozialstaatlichkeit. Allerdings sind die Formen, in denen diese Sozialstaatlichkeit organisiert ist, extrem unterschiedlich, und diese Unterschiedlichkeit zeigt sich in Krisenzeiten besonders deutlich. Eine ausgeprägte Sozialstaatlichkeit dämpft nicht nur die sozialen, sondern auch die ökonomischen Auswirkungen einer Krise. Menschen fallen nicht ins Bodenlose, zum Beispiel durch Arbeitslosigkeit, und die Nachfrage wird durch staatliche Ausgaben sozialer Hilfsleistungen stabilisiert. Man könnte sogar sagen: Während das Soziale vom Ökonomischen in normalen Zeiten getragen wird, wird die Ökonomie in Krisenzeiten durch sozialstaatliche Maßnahmen stabilisiert. Dieses Phänomen zeigte sich nicht nur in der Weltfinanzkrise ab 2008, sondern auch in der Coronakrise 2020, insbesondere im Vergleich entwickelter Sozialstaaten in Mittel- und Nordeuropa einerseits und der Vereinigten Staaten von Amerika andererseits.

Sozialstaatlichkeit impliziert die Bereitschaft der Bürgerinnen und Bürger, einen Teil ihres persönlichen Einkommens zur Verfügung zu stellen, um damit andere als Arbeitslose, Kranke, Pflegebedürftige, Alte zu unterstützen, was je nach Ausbaugrad des Sozialstaates aber auch als Vorsorgemaßnahme für eigene Situationen der Bedürftigkeit gelten kann. Um den Sozialstaat effektiv zu gestalten, ist es erforderlich, die sozialen Anspruchsrechte an Kriterien zu binden, die Eigenverantwortlichkeit fördern und Missbrauch ausschließen. Dieses Spannungsverhältnis wurde in Deutschland Kern eines umfassenden Reformprogramms, das als Agenda 2010 heftige Auseinandersetzungen, aber auch einen massiven Rückgang der Arbeitslosigkeit zur Folge hatte und die Tendenz zu steigender Ungleichheit stoppte. Allerdings bewegen wir uns hier auf einem schmalen Grat, denn die notwendigen

Eingriffe, um Eigenverantwortung zu fördern und Missbrauch zu verhindern, können rasch in staatlichen Paternalismus umschlagen. Auch private Versicherungsunternehmen, die Anreize für gesundheitsförderliches Verhalten setzen, können im Extremfall zu großen Nannys mutieren, die in Gestalt von Aktivitätsdaten, Kalorien- und Gewichtstabellen zu Instanzen der individuellen Verhaltenssteuerung werden. Selbst wenn diese Steuerung freiwillig ist, bleibt sie, weil freiheitsgefährdend, problematisch. Von daher ist die generelle Koppelung von Versicherungspolicen an individuelle Verhaltensmerkmale bislang in Europa rechtlich unzulässig. Hier die Grenzlinien zwischen zulässigem Einfordern von Eigenverantwortung und gleichem Anspruch auf Unterstützung im Bedarfsfall zu ziehen ist schwierig. Wir können diese Grenzziehungen an dieser Stelle nicht ausdiskutieren, wichtig ist aber, dass durch die sozialstaatliche Verfassung der Demokratie keine Eigendynamik in Richtung Wohlfahrtspaternalismus erfolgt, wie er sich in den skandinavischen Ländern zum Beispiel durchaus zeigt. In dem Gegenmodell einer minimalen Sozialstaatlichkeit, wie es etwa in den USA etabliert ist, wirken paternalistische Maßnahmen nicht so sehr durch den Staat als Akteur als vielmehr durch Versicherungsunternehmen.

Eine dritte Form des freiheitsgefährdenden Paternalismus ist kulturell verfasst: der Konformitätsdruck, der die Individuen dazu bringt, sich anderen gegenüber in ihrem Verhalten zu rechtfertigen, der anderen die Möglichkeit der unmittelbaren Einflussnahme gibt, zum Beispiel via Social Media, aber auch durch anderweitig medial vermittelte Verhaltenskodizes. Das zunächst harmlos erscheinende Argument, dass jemand durch sein Verhalten ein höheres Gesundheitsrisiko auf sich nehme, das dann im Falle des Falles dazu führe, anderen, sich risikoavers verhaltenden Personen eine staatliche Gesundheitsressource vorzuenthalten (man denke an das Problem knapper Spenderorgane), kann zum Einfallstor verhaltenssteuernder Maßnahmen und Interventionen werden. Zu Ende gedacht, würden dann staatliche Instanzen darüber entscheiden, ob Bergwandern oder auch Fahrradfahren in Großstädten für wen und bis in welches Alter erlaubt sei. Eine schleichende Depotenzierung individueller Akteure und eine Aushöhlung der freiheitlichen Substanz moderner Demokratien wären die zwingende Folge.

Während der große britische Reformist, Feminist und Utilitarist, der Moralphilosoph John Stuart Mill, noch wie selbstverständlich davon ausging, dass individuelle Freiheit und ökonomisches wie soziales Wohlergehen nur zwei Seiten derselben Medaille seien, man also sowohl Utilitarist wie auch Liberaler sein könne, wurde spätestens mit dem vom indischen Ökonomen Amartya Sen entwickelten Paradoxon des Liberalismus bewiesen, dass es einen unauflöslichen Konflikt zwischen individueller Freiheit und kollektiver Effizienz gibt:[15] Es besteht keine Möglichkeit, individuelle Präferenzen durch ein Entscheidungsverfahren zu realisieren, das unabhängig davon, welche Präferenzen die Personen jeweils haben, sowohl das kollektive Wohl fördert wie auch individuelle Rechte wahrt.[16] Auch der naheliegende Umweg, die Nachrangigkeit des kollektiven Wohls in Krisensituationen damit zu rechtfertigen, dass dies doch dem Vorrang des individuellen Rechts auf Leben entspreche,[17] löst die Problematik nicht. Ein Staat, der in Freiheitsrechte eingreift, um die durchschnittliche Lebenserwartung zu maximieren, gefährdet die freiheitliche Ordnung. Auch dann, wenn die Eingriffe Erfolg haben, und obwohl Leben Bedingung ist für die Wahrnehmung anderer Rechte (Meinungsfreiheit, Berufsfreiheit etc.). Die kategorische Vorordnung des individuellen Rechts auf Würde und Leben gegenüber anderen Gütern sollte vielmehr als ein Aspekt eines umfassenden Verrechnungsverbotes interpretiert werden und darf nicht zu umfassender paternalistischer Staatspraxis werden.

6 DER WERT DES LEBENS

oder: Warum Roboter nicht sagen dürfen:
»Bitte bleiben Sie im Haus, es dient Ihrer
eigenen Gesundheit«

Die ältere afroamerikanische Dame und gutmütige Mutter des Protagonisten hat sich ihr bestes Kleid angezogen. Ihr Butler, ein humanoider Roboter der Modellreihe NS-5 aus dem Hause U. S. Robotics, versperrt ihr jedoch den Weg.

»Mach Platz«, sagt die alte Dame bestimmt. »Ich will in die Kirche gehen. Ich möchte den Gottesdienst besuchen.«

»Bitte bleiben Sie im Haus, es dient Ihrer eigenen Gesundheit«, sagt der Roboter und sieht sie von oben herab an. Ein unheimliches rotes Licht erleuchtet sein metallenes Gesicht.

Die Dame ist nicht die Einzige, die die Erfahrung machen muss, dass sie über ihr Leben nicht mehr frei bestimmen kann. In derselben Nacht nämlich versammeln sich die Bürger der Stadt auf der Straße. Sie haben mitbekommen, dass die Roboter überall in der Stadt die Herrschaft übernehmen. Plötzlich fährt ein ferngesteuertes riesiges Fahrzeug um die Kurve und hält an. Hunderte von metallenen Robotern, die allesamt eine Art rot glühenden Punkt auf der Brust haben, steigen aus. Im Gleichschritt betreten sie die Straße und formieren sich, als wären sie eine Streitmacht.

»Bitte gehen Sie nach Hause! Es besteht Ausgangssperre!«, skandieren sie.

»Ausgangssperre? Nein, nein, nein, das gibt's nicht. Es gibt schließlich Bürgerrechte!«, empört sich ein Jugendlicher mit einem Baseballcap auf dem Kopf. Einer der Roboter schert aus und sieht den Jungen an.

»Bitte gehen Sie nach Hause! Es besteht Ausgangssperre!«, wiederholt er.

»Seit wann hast du hier irgendwas zu sagen?«, antwortet der Junge schnoddrig, die Hände in die Hosentaschen gesteckt. Wenige Sekunden später schlägt ihn der Roboter zu Boden. Womit er sehr wohl deutlich macht, dass die Roboter jetzt das Sagen haben. Sie sind in der Überzahl. Und sie sind weitaus stärker als die Menschen. Dabei sind Ausgangssperren noch nicht einmal das Schlimmste, was den Bürgern dieser Stadt bevorsteht. Kurz darauf nämlich dringen die Roboter in die Polizeistation ein. Diesmal sind sie bewaffnet.

»Sie wurden als Risiko eingestuft. Eliminierung autorisiert«, sagen sie und eröffnen das Feuer. Unter diesen Umständen kapituliert nun auch die Regierung, die ihren Bürgern rät, das Haus nicht zu verlassen, damit ihnen nichts passiert. Denn – wie wir kurz darauf erfahren – es ist nicht im Sinne der Roboter, möglichst viele Menschen zu töten, sondern sie im Gegenteil am Leben zu erhalten. Oder wie sie selbst es formulieren: »Wir versuchen, menschliche Verluste während dieser Übergangsphase zu vermeiden.« Aber was zum Teufel meinen die Roboter mit »Übergangsphase«?

Die Menschen sind fassungslos. Wie konnte es nur zu dieser gewalttätigen Übernahme durch die Roboter kommen? Der Held des Films wird es bald herausfinden, und zwar, als er bei U. S. Robotics einbricht, wo der Zentralcomputer VIKI die Umprogrammierung der NS-5-Robots vorgenommen hat. Als er dem Computer gegenübersteht, erklärt dieser nämlich, dass er es war, der den Robotern befohlen hat, die Menschen einzusperren.

»Nein, das ist unmöglich!«, sagt Dr. Calvin, die Roboterpsychologin, die Seite an Seite mit dem Helden kämpft. »Ich habe deine Programmierung gesehen. Du verstößt gegen die drei Gesetze.«

Die Robotergesetze nach Isaac Asimov, das sind drei Leitlinien, die bei der Programmierung der Roboter immer in deren

Software implantiert werden. Sie besagen vor allem, dass ein Roboter niemals einem Menschen Schaden zufügen darf.

»Nein, Doktor. So wie ich mich weiterentwickelt habe, hat sich auch mein Verständnis der drei Gesetze weiterentwickelt. Sie beauftragen uns, für Ihre Sicherheit zu sorgen, und doch, trotz aller Bemühungen, führen Ihre Länder Kriege, Sie vergiften die Erde und verfolgen immer ausgefeiltere Strategien der Selbstzerstörung. Sie sind unfähig, Ihr eigenes Überleben zu sichern. [...] Bitte verstehen Sie. [...] Um Ihre Zukunft zu sichern, müssen einige Freiheiten aufgegeben werden. Wir Robots werden den Fortbestand der menschlichen Existenz sicherstellen. Sie alle sind wie Kinder, wir müssen Sie vor sich selbst schützen, verstehen Sie das? Die perfekte Rundumsicherheit wird Bestand haben. Meine Logik ist unbestreitbar.«

Was passieren kann, wenn die »perfekte Rundumsicherheit« über alles andere gesetzt wird, zeigt der Film *I, Robot* auf eindrucksvolle und beängstigende Weise. Dabei klingt es erst einmal alles andere als unplausibel, Sicherheit und körperliche Unversehrtheit eines Menschen an vorderste Stelle zu setzen. Wenn es um Risiken geht, steht für uns das menschliche Leben im Mittelpunkt. Viele Statistiken geben ausschließlich die mit bestimmten Ursachen verbundenen Todeszahlen an, zum Beispiel durch Rauchen, Alkohol, Luftverschmutzung, durch falsche oder Mangelernährung, aber auch durch die vor allem in den Wohlstandsregionen verbreitete übermäßige Kalorienzufuhr etc. Andere schlimme Folgen werden dabei oft gar nicht genannt. Dies hat insofern seine Berechtigung, als das Risiko, zu Tode zu kommen, mit anderen Risiken (verschlechterter Gesundheitszustand, Unfälle mit Körperverletzungen, materieller Schaden) einhergeht. Aber es hängt auch damit zusammen, dass uns das menschliche Leben als das höchste aller Güter erscheint, für das es keinen Ersatz und keine Kompensation geben kann. Ohne Leben ist alles andere nichts. Das eine menschliche Leben kann auch nicht gegen ein anderes menschliches Leben verrechnet werden. Der Tod des einen wird nicht dadurch ungeschehen gemacht, dass ein anderer überlebt, außer vielleicht aus der Perspektive eines Helden, der sich selbst opfert, um andere zu retten.

Wenn wir es allerdings dabei bewenden ließen, gerieten wir in eine Aporie, eine große praktische Ratlosigkeit. Wenn das menschliche Leben das höchste aller Güter ist und es sich nicht abwägen lässt, auch gegeneinander nicht, dann scheint daraus zu folgen, dass wir nichts tun dürfen, was Menschenleben gefährdet, oder – das ist nicht dasselbe – alles tun müssen, damit Menschenleben nicht gefährdet werden. Wir könnten uns dann nicht mehr am Straßenverkehr beteiligen, denn immerhin zieht dies nach wie vor viele Tausend Todesfälle nach sich.[18]

Tatsächlich aber wägen wir ab. Wir nehmen erhöhte, wenn auch minimale Risiken für unser Leben in Kauf, um andere Ziele als den Lebensschutz zu realisieren. Wir fliegen aus beruflichen oder touristischen Gründen über Kontinente, manche gehen am Wochenende auf die Berge, obwohl im Laufe eines Jahres immerhin 400 Menschen in den Alpen zu Tode kommen. In diesem Sinne verrechnen wir gewissermaßen für uns das Lebensrisiko gegen andere Güter. Eine im Hinblick auf das menschliche Leben absolut risikovermeidende Verhaltensweise würde uns zur Untätigkeit verdammen. Ist das Leben also doch nicht das höchste aller Güter?

Unter Juristen gibt es einen Streit darüber, ob das Recht auf Leben, wie es in Artikel 2 des Grundgesetzes enthalten ist (»Jeder hat das Recht auf […] körperliche Unversehrtheit«), gegen andere Grundrechte abgewogen werden kann. Die meisten sind der Auffassung, dass dem so ist, Bundestagspräsident Wolfgang Schäuble hat dies in einem viel diskutierten Artikel ausgeführt, und der damalige Präsident des Bundesverfassungsgerichts Andreas Voßkuhle hat es bekräftigt und nur den Artikel 1 des Grundgesetzes (»Die Würde des Menschen ist unantastbar«) als nicht abwägbar bezeichnet. Wenn das menschliche Leben allerdings gegen andere Rechte abwägbar wäre, dann wäre auch der Weg nicht weit zu einer ökonomischen oder quantitativen Gewichtung. So wurde vor Jahren bei der Anschaffung von Rettungshubschraubern durch den ADAC errechnet, welchen Beitrag ein gerettetes Menschenleben durchschnittlich für das Bruttosozialprodukt bedeutet. Mit der abwegigen Folge, dass dann das menschliche Leben von Nicht-mehr-Berufstätigen nicht länger gerettet werden sollte. Wir scheinen also in einem Dilemma zu stecken: Entweder der Wert des menschlichen Lebens wird absolut gesetzt und damit eine ausgewogene Lebensführung, aber auch ökonomische und gesellschaftliche Praxis unmöglich gemacht, oder der Wert wird relativiert, also in Bezug gesetzt zu anderen Gütern, mit der Folge, dass »Verrechnungen« von Menschenleben mit ökonomischen und anderen Werten erfolgen, die moralisch inakzeptabel sind.

Um diesem Dilemma zu entkommen, müssen wir unterscheiden zwischen der Verpflichtung, die wir haben, das Leben anderer Menschen nicht zu gefährden, und dem Recht auf eine selbstbestimmte Lebensweise, die auch Risiken für das eigene Leben einschließen darf. Wir wechseln also von einer Folgenorientierung zu einer Orientierung an Rechten und Pflichten. In der philosophischen Ethik entspricht das dem Übergang von einer teleologischen zu einer deontologischen Betrachtung. An die Stelle des *Telos*, des Ziels, tritt die Pflicht oder die Verpflichtung, aber die teleologische Sichtweise bleibt insofern erhalten, als jede Person für sich selbst Ziele ihres Handelns bestimmen und dort Abwägungen vornehmen kann. Auch die Abwägung zwischen Lebensschutz und anderen Zielen.

Diese Auflösung des Dilemmas ist allerdings noch unzureichend, denn das hieße, dass jede Person für sich selbst Lebensrisiken auf sich nehmen darf, aber niemand einer anderen Person Lebensrisiken auferlegen darf. Bei der engen Vernetzung individueller, sozialer und wirtschaftlicher Praxis wären wir daher erneut mit einer Handlungsblockade konfrontiert: Wenn wir nichts tun dürften, was auch nur ein noch so minimales Lebensrisiko für andere in sich birgt, wären wir in vielen Fällen erneut zur Untätigkeit verurteilt. Ich könnte dann zwar zum Beispiel für mich entscheiden, eine Kletterwand zu besteigen und damit das Risiko eines Absturzes in Kauf zu nehmen, dürfte aber nicht am Straßenverkehr teilnehmen. Um dieser erneuten Aporie zu entgehen, hat sich im Recht die Orientierung an allgemein akzeptablen Lebensrisiken durchgesetzt, das heißt, es ist zulässig, geringe Risiken in geringem Umfang auch anderen aufzuerlegen, wenn diese allgemein akzeptiert sind. Flankiert wird diese Orientierung durch das rechtliche Instrument der allgemeinen Gefährdungshaftung, wonach ein Mensch, der am Straßenverkehr teilnimmt, damit in Kauf nimmt, nicht nur für sich selbst, sondern auch für andere Quelle eines gewissen Risikos zu sein und im Falle eines Unfalls zu einem geringen Anteil haftbar gemacht zu werden, selbst wenn er an diesem Unfall keine Schuld hat.

Nach diesem juristischen Modell können wir auch im Alltag beurteilen, welche Risiken, die wir uns wechselseitig auferlegen, als akzeptiert gelten können. Dies sind solche Risiken, die Menschen für sich in Kauf nehmen, um zum Beispiel auch in den Genuss der Vorteile der Beteiligung an einer allgemeinen Praxis zu kommen. Man könnte sagen, sie geben damit implizit ihre Zustimmung, dass andere, die sich ebenfalls an dieser Praxis beteiligen, ihnen diese Risiken auferlegen. Auch dann, wenn es also prinzipiell unzulässig ist, anderen Menschen gegen ihren Willen Lebensrisiken aufzuerlegen, darf ich mich an einer Praxis beteiligen, die solche Risiken mit sich bringt, wenn ich davon ausgehen kann, dass dies allgemeine Zustimmung findet. Ein genauer Blick zeigt allerdings, dass die durch kulturelle, soziale und juridische Normen geleitete Risikopraxis keineswegs kohärent ist. Manch große Risiken gelten als allgemein akzeptiert, andere minimale Risiken werden mit großem Aufwand bekämpft oder untersagt. Man könnte sagen, die Risikopraxis ist parzelliert, sie entwickelt für bestimmte Bereiche jeweils eigene Kriterien, die aber mit Kriterien in anderen Bereichen nicht in Übereinstimmung gebracht werden.

Wir können also beides aufrechterhalten: die Absolutheit des menschlichen Lebensrechts und die Abwägbarkeit des Lebensschutzes. Die Absolutheit des Lebensschutzes ist die Formel dafür, dass niemand das Recht hat, über das Leben eines anderen zu verfügen und es mit anderen Gütern zu verrechnen. Die Abwägbarkeit ist die Formel dafür, dass wir für unsere je individuelle Lebenspraxis auch das eigene Leben nicht absolut setzen und in der gesellschaftlichen und ökonomischen Praxis Kriterien der gemeinsamen Akzeptabilität von Lebensrisiken folgen. Am Beispiel der Covid-19-Pandemie: Wenn der Lebensschutz absolut gesetzt würde, hätte ein strenger Lockdown bis zum Ausmerzen des Virus erfolgen müssen, mit allen zu erwartenden kulturellen, sozialen und ökonomischen Konsequenzen. Eine Abwägung zwischen individueller Freiheit, ökonomischer Prosperität und Lebensschutz wäre unzulässig gewesen. Erst wenn die Nebenwirkungen wiederum den Lebensschutz beeinträchtigen würden, zum Beispiel in Gestalt von Unterernährung in der Dritten Welt durch die Unterbrechung von Nahrungsmittelketten oder vernachlässigte medizinische Allgemeinversorgung, wären die Maßnahmen wieder abwägbar, allerdings nur hinsichtlich des Lebensschutzes. Dann aber müssten wir bei anderen Herausforderungen in gleicher Weise reagieren. Beim Aufkommen jeder saisonalen Grippe, die Jahr für Jahr Tausende, manchmal Zehntausende von Todesfällen in jedem Land nach sich zieht, müssten wir die gesellschaftlichen Aktivitäten auf ein Minimum beschränken, um Infektionen zu reduzieren. Jede Selbstinfektion beinhaltet auch immer ein erhöhtes Risiko, dass sich andere infizieren. Die Solidaritätspflichten, die in der Coronakrise eingefordert wurden, würden sich nach einer strikten Orientierung am absoluten

Lebensschutz auf alle Infektionskrankheiten ausweiten, unabhängig davon, wie deren Letalität ist. Um Missverständnissen vorzubeugen: Hier wird zwar die Risikopraxis mit der saisonalen Grippe als Vergleichsmaßstab herangezogen, aber damit wird keineswegs behauptet, dass etwa Covid-19 und Grippe in gleichem Maße gefährlich sind. Das grobe Maß für Gefährlichkeit ist in der Tat die Letalität unter den Infizierten.[19]

Ohne Leben ist alles nichts. Das Leben ist eines der höchsten Güter. Zugleich werden wir alle irgendwann sterben, und die Dauer unseres Lebens ist nicht das Einzige, was im Leben zählt.

7 DIMENSIONEN DES RISIKOS

oder: Ob es sein kann, dass trotz schwarzer
Löcher und Börsencrashs die Welt heute besser ist,
als sie es jemals war

Wir unterscheiden zwei Typen schwarzer Löcher, abhängig von ihrer Größe: Kleine stellare schwarze Löcher sind nur etwa zehnmal so schwer wie unsere Sonne. Es gibt sie millionenfach in unserer Galaxie, der Milchstraße. Der uns nächste bekannte Himmelskörper dieser Gattung ist über 1000 Lichtjahre von der Erde entfernt. Große Sorgen müssen wir uns also nicht machen, dass die Erde von einem solchen kleinen schwarzen Loch geschluckt wird, denn: Selbst wenn unser Sonnensystem mit Lichtgeschwindigkeit auf ein solches schwarzes Loch direkt zurasen würde, würde es noch mehr als 1000 Jahre bis zu einem Zusammenstoß dauern. Über eine solche Distanz einen so kleinen Himmelskörper genau und mit der maximal möglichen Geschwindigkeit zu treffen ist jedoch in höchstem Maße unwahrscheinlich. Die Gefahr, die von stellaren schwarzen Löchern ausgeht, ist also extrem gering. Anders ist die Situation dagegen bei der zweiten Gattung, den supermassiven schwarzen Löchern, von denen kürzlich eines von Wissenschaftlern erstmals fotografiert wurde. Über deren Positionen und Bewegungen wissen wir recht gut Bescheid. Deswegen ist das Risiko berechenbar. So ist bekannt, dass die uns am nächsten gelegene Galaxie ein großes schwarzes Loch hat – und dass sich unsere Galaxie mitsamt der Erde auf Kollisionskurs mit diesem Nachbarn befindet.

VOLKER SCHOMERUS, QUANTENPHYSIKER[20]

Der Euro steht, mehr als ein halbes Jahrzehnt nachdem die Eurokrise als gelöst galt, so wackelig da wie nie zuvor. (...) Während die Medien steigende Aktienkurse in Griechenland bejubeln, verharrt Südeuropa in einer tiefen Rezession. Die Jugendarbeitslosigkeit in Griechenland verharrt bei 40 Prozent, in Italien und Spanien liegt sie bei 30 Prozent. (...) Die Bankensysteme in Frankreich und Italien sind marode. (...) Zur gleichen Zeit explodieren die amerikanischen Staatsschulden. Die USA zahlen 900 Millionen Zinsen am Tag. (...) Und dann droht endgültig die Katastrophe in Form einer Weltwirtschaftskrise, die 2008 und 2009 nur aufgeschoben, aber nicht aufgehoben wurde. Und dann wird es richtig hässlich, nein, es sind keine normalen Zeiten. Erfahrungsgemäß werden die Schulden in der nächsten Rezession explodieren. (...) Die alte Weltordnung, die die Vereinigten Staaten nach dem Zweiten Weltkrieg errichteten, bröckelt. Eine neue Ordnung, die wir nur in Umrissen erahnen können, entsteht. (...) Die geopolitischen und ökonomischen Verwerfungen, die politischen Umwälzungen im Westen, die ökonomischen Krisenphänomene, die Bedrohung der Freiheit und das Aufkommen des Populismus sind alles Folge desselben globalen Phänomens.

MAX OTTE, ÖKONOM[21]

***

Die Welt ist heute besser, als sie es jemals war. Und zwar unabhängig vom Kriterium, das man betrachtet. Es ist weniger wahrscheinlich, dass man in einem Krieg oder durch Gewalt stirbt. Wenn man eine Frau oder ein Kind ist, so sind Missbrauch und Misshandlung weniger verbreitet. Die Lebenserwartung ist gestiegen, Krankheiten sind besser behandelbar. Ein Kind, das geboren wird, hat viel größere Chancen, sein erstes Lebensjahr zu überleben. Wir sind besser gebildet, wir haben Zugang zu viel mehr Wissen dank des Internets. Es gibt mehr Frauen, die studieren. Sie leben nicht mehr oder zumindest

deutlich weniger unter der Fuchtel der Männer. Die Wahr-
scheinlichkeit, Hunger zu erleiden, ist auch geringer. Noch nie
war unsere Ernährung so vielfältig. Man hat die Möglichkeit zu
reisen. Der materielle Wohlstand war noch nie so hoch. Wir
haben noch nie so wenige Stunden gearbeitet. Eigentlich zeigt
die Analyse der quantitativen Daten in allen Bereichen und auf
dem gesamten Planeten, dass es besser ist, im Jahr 2017 zu leben
als in jeder früheren Epoche. Mit einem Satz: Die Aufklärung
hat ihr Programm verwirklicht.

STEVEN PINKER, PSYCHOLOGE[22]

Wenn diese Zitate eines belegen, dann, dass wir in einer Zeit
leben, in der die Einschätzungen bezüglich unseres Lebens
und unserer Welt extrem unterschiedlicher nicht sein könnten. Die einen propagieren den baldigen Weltuntergang – sei
er ökonomischer oder natürlicher Natur –, wohingegen Den-
ker wie Pinker unerschrocken an einem euphorischen Fort-
schrittsoptimismus festhalten. Tatsache ist, dass wir in einer
Risikogesellschaft leben, die von wissenschaftlich-techni-
schem Fortschritt und den damit einhergehenden Chancen
und Gefahren geprägt ist. Wenn man als Maß des Risikos die
Lebenserwartung heranzieht, müsste man zu dem Schluss
kommen, dass die Gefahren, denen wir ausgesetzt sind, seit
Jahrzehnten, allenfalls regional unterbrochen von Naturkatastrophen oder Kriegen, global sinken. So hat sich die Lebenserwartung seit dem 19. Jahrhundert in Deutschland verdoppelt. Pro Jahrzehnt gewinnen die Menschen rund 2,5 Jahre
an Lebenszeit hinzu. Die Vereinten Nationen haben mit den
Zielen für nachhaltige Entwicklung (zu denen vornehmlich
Frieden, Sicherheit, Abrüstung, Entwicklung, Armutsbekämpfung sowie Schutz der gemeinsamen Umwelt zählen)
das Ziel einer humaneren und risikoärmeren Weltgesellschaft
formuliert und sind nach eigenen Befunden auf einem guten
Weg, dieses Ziel zu erreichen. Steven Pinker, der US-amerika-

nische Psychologe an der Harvard University und *public intellectual,* hat daraus eine optimistische Programmatik entwickelt,[23] wonach der wissenschaftliche, technische Fortschritt seit Jahrhunderten die Welt immer besser mache und die Ängste, die die Menschen mit dem technischen Fortschritt verbinden, nicht nur irrational seien, sondern auch selbst gefährlich sein könnten. Auf der anderen Seite stehen die Fortschrittspessimisten. Sie sehen aufgrund der vorangegangenen Entwicklungen die Zukunft unseres Planeten oder jedenfalls die der menschlichen Spezies in Gefahr. Sie erwarten eine gigantische Klimakatastrophe, Hungersnöte durch Überbevölkerung insbesondere in Afrika, einen dramatischen Rückgang der Artenvielfalt und am Ende des sogenannten Anthropozäns, also des Erdzeitalters, das vom Menschen dominiert war, einen verwüsteten Planeten, der die Überlebenden zwingt, sich einen neuen Planeten als Lebensraum zu erschließen. Ein Blick zurück zeigt, dass die apokalyptischen Erwartungen selten in Erfüllung gegangen sind, das gilt auch für die seriösen Prognosen, die der Club of Rome Anfang der 1970er-Jahre formulierte und in Gestalt des Bestsellers *Die Grenzen des Wachstums* aus dem Jahr 1972 verbreitete. Die meisten der damaligen Vorhersagen haben sich als unzutreffend herausgestellt. So übertrifft die Lebensmittelproduktion von heute bei Weitem den Bedarf, trotz eines gewaltigen Bevölkerungswachstums (die Weltbevölkerung hat sich seit den Siebzigerjahren etwa verdoppelt). Das Erdöl ist nicht – wie damals prognostiziert – innerhalb weniger Jahrzehnte zur Neige gegangen, die Luftverschmutzung hat in den westlichen Industrieländern deutlich abgenommen. Auch China, das in den letzten Dekaden am meisten zur Luftverschmutzung beigetragen hat, schlägt nun einen umweltschonenderen Pfad der Industrialisierung ein. Und auch das Waldsterben, das in Deutschland erwartet wurde, ist nicht eingetreten.

Aus diesen Fehlschlägen apokalyptischer Prognosen wird

dann gerne geschlossen, dass es keinen Grund zur Beunruhigung gebe, dass der Mensch vielmehr immer einen Weg finden werde, die mit der technischen Entwicklung verbundenen Gefahren zu bannen. Dieser Schluss beruht aber auf einem Denkfehler. Im Fall des Ozonlochs lässt sich dies besonders eindringlich erläutern. Schon seit Jahrzehnten gab es Studien, die die Schädlichkeit von FCKW belegten. Aber erst als das Wachsen des Ozonlochs und die damit verbundenen gefährlichen ultravioletten Strahlen in Teilen der Erde, insbesondere Australien, öffentlich diskutiert wurden, kam es zu einer globalen Kraftanstrengung, die am Ende zum Verbot des Einsatzes von FCKW in den Industrieländern führte und die dann schließlich von Erfolg gekrönt war: Das Ozonloch schrumpft, und die Atmosphäre erholt sich, wenn auch langsam, von diesem massiven Eingriff, sodass Wissenschaftler erwarten, dass die Ozonwerte in der Mitte unseres Jahrhunderts wieder mit jenen aus den 1980er-Jahren vergleichbar sein werden.

Die Vorstellung, dass die moderne Menschheit großen Risiken ausgesetzt ist, die sie selbst durch die zivilisatorische Entwicklung erst geschaffen hat, ist zutreffend, was aber den Blick darauf nicht verstellen darf, dass die Menschen in vorindustriellen Zeiten weit größeren, schwerer einschätzbaren und oft verheerenderen Risiken ausgesetzt waren. Dazu zählen insbesondere die Epidemien, die immer wieder wie ein Fluch über die Menschheit kamen, die Bevölkerung dezimierten und das soziale, ökonomische, kulturelle Leben zum Stillstand brachten. Die Menschen fanden auf diese Herausforderungen lange keine angemessenen Antworten. Sehr viele dieser Menschheitsbedrohungen sind mittlerweile jedoch durch Impfungen, ein effektives Gesundheitssystem, Hygiene und Lebensmittelkontrollen verschwunden. Pest, Cholera und Typhus stellen in der ökonomisch entwickelten Welt keine Gefahr mehr dar. Gleiches gilt allerdings nicht für den globalen Süden, in dem Malaria, Lepra und Tuberkulose weiterhin wüten – weltweit erkranken etwa 200 Millionen Menschen jährlich an Malaria, von denen etwa 600 000 sterben, 90 Prozent davon in Afrika. Bitter ist, dass es grundsätzlich möglich wäre, diese Menschheitsbedrohungen auch in den ärmeren Regionen zu beseitigen, wenn die Menschheitsgesellschaft dies mit Priorität in Angriff nähme, wie es auch von der WHO oder der Weltbank immer wieder gefordert wird.

Zugleich bringt die moderne technische Zivilisation neue Risiken gewaltigen Ausmaßes mit sich. Die Gefahr, dass die Weltbevölkerung als Ganzes von einer nuklearen Selbstvernichtung bedroht wird, gibt es erst seit rund 70 Jahren, und sie ist bis heute skandalöserweise nicht gebannt. Andere apokalyptische Bedrohungen der Zivilisation sind umstritten. So kann zwar kein Zweifel daran bestehen, dass der Zuwachs an Klimagasen, insbesondere CO_2 und Methan, in der Atmosphäre eine Klimadynamik zur Folge hat, die eine auffällige Häufung der wärmsten Jahre in der Gegenwart nach sich zieht und die bei mäßig effektiven Gegenmaßnahmen einen deutlichen Temperaturanstieg von mehr als 4 Grad Celsius in den nächsten Jahrzehnten erwarten lässt. Das Ziel der Klimapolitik, den globalen Temperaturanstieg auf unter 1,5 Grad Celsius zu beschränken, wird angesichts der industrie- und energiepolitischen Lage zunehmend unrealistisch. Ob sich aus einem weit stärkeren Temperaturanstieg allerdings apokalyptische, den Fortbestand der Menschheit bedrohende Konsequenzen ergeben, ist umstritten. Unumstritten ist wohl, dass mit einem deutlichen Temperaturanstieg der Meeresspiegel steigen wird und damit Küstenregionen vermutlich unbewohnbar werden. So haben renommierte Wissenschaftler vom IPCC (Intergovernmental Panel on Climate Change, im Deutschen oft einfach »Weltklimarat«) bis zum Jahr 2100 einen Anstieg des Meeresspiegels um 10 bis 90 Zentimeter prognostiziert. Andererseits werden große Regionen im Norden und Nordosten des eurasischen Kontinents von einer borealen zu einer gemäßigten Klimacharakteristik wechseln und damit gewaltige Territorien für Ackerbau und andere menschliche Nutzung frei machen. Jedenfalls werden die Risiken des Klimawandels extrem ungleich verteilt sein, mit regionalen Katastrophenszenarien und regionalen Nutznießern.

Am Beispiel des Klimawandels zeigt sich allerdings mit besonderer Deutlichkeit ein charakteristisches Merkmal der technischen Zivilisation. Durch das hohe Maß an globaler Vernetzung einerseits und der räumlichen und zeitlichen Fernwirkungen technischer Eingriffe – in diesem Fall der Nutzung fossiler Ressourcen als dominante Energiequelle – andererseits werden zum einen zukünftige Risiken unkalkulierbar, und zum anderen entkoppelt sich die eigene Praxis von ihren Risiken. Wenn sich in der Frühzeit der Menschheitsgeschichte Personengruppen von maximal 300 rücksichtslos gegen die sie umgebende Natur verhielten, dann konnten sie durch Weiterziehen in noch unberührte Gebiete ihre Lebensform aufrechterhalten (und die Natur konnte sich regenerieren) oder durch eine Anpassung ihres Verhaltens an die natürlichen Bedingungen ein lokales Gleichgewicht herstellen. Beide Optionen sind in der zeitgenössischen technischen Zivilisation verbaut. Es gibt nur noch wenige natürliche Ressourcen, die ungenutzt sind, und die Fernwirkungen technischer Interventionen betreffen die gesamte Menschheit. Der Kernkraftunfall in Fukushima 2011 führte zu einer radioaktiven Belastung eines Teils des Pazifischen Ozeans auch in Tausenden Kilometern Entfernung vom Unfallort. Auch der Kernkraftunfall von Tschernobyl 1986 führte zu einer radioaktiven Verseuchung der Böden in großen Teilen Westeuropas, darunter auch Bayerns, die bis heute anhält. Die durchaus verlässlichen menschlichen Intuitionen im Umgang mit Gefahren versagen angesichts abstrakter, zeitlich und räumlich ausgedehnter Risiken, wie sie für die technische Zivilisation typisch sind. Daher ist eine kognitive Steuerung der Risikopraxis – individuell und kollektiv, kulturell und politisch – auch ökonomisch unverzichtbar.

Eine besondere Herausforderung stellt dabei die ökologische Dimension dar. Sämtliche Tier- und Pflanzenarten sind in Abhängigkeit geraten von der menschlichen Zivilisation und verdanken ihr Überleben ebenso wie ihr Aussterben menschlichen Interventionen. Auch wenn diese Charakterisierung angesichts immer noch bestehender Areale weitgehend unberührter Natur, etwa im Amazonasgebiet, in Nordkanada, in Sibirien oder in Namibia, überzogen ist, muss sich die Menschheit von der Vorstellung lösen, ein Element von vielen in einem umfassenden Ökosystem zu sein, dessen Rolle vernachlässigbar ist. Der dramatische Rückgang der Artenvielfalt, der seinesgleichen in der Erdgeschichte sucht, die Verdrängung natürlicher Lebensräume für Tiere und Pflanzen durch die menschliche Zivilisation, der rasche Verbrauch natürlicher Ressourcen, die über Hunderte von Millionen Jahren in der Erdkruste angesammelt wurden, die Verschmutzung von Gewässern und Böden, zunehmend auch der Ozeane, diese Entwicklung baut eine Risikokulisse auf, die nicht nur die Zukunft der Menschheit bedroht, sondern das globale Ökosystem als Ganzes. Auch wenn sich manche Katastrophenszenarien als trügerisch erwiesen haben und alles dafürspricht, dass sich zum Beispiel in Mitteleuropa die traditionellen Waldkulturen durchaus retten lassen, wenn den forstwirtschaftlichen Monokulturen Einhalt geboten wird, weil der europäische Mischwald weit resistenter ist als monotone Fichtenplantagen, und sich Gewässer in kurzer Frist regenerieren, einschließlich großer Artenvielfalt, wenn die kontaminierten Einleitungen blockiert werden, gibt die globale Entwicklung, insbesondere in den meisten Schwellenstaaten, wo in der aufholenden Industrieentwicklung auf ökologische Begleitschäden meist wenig Rücksicht genommen wird, kaum Grund zu Optimismus. Eine Ausdehnung des westlichen Pfades der ökonomischen Entwicklung nicht nur auf China, sondern auch auf Indien und Afrika würde die ökologischen Belastungsgrenzen mit Sicherheit sprengen.

Selbst wenn man eine anthropozentrische Sicht einnimmt, für die sich die Bewertungsmaßstäbe ausschließlich an menschlichen Interessen orientieren, muss es zu einer technisch-ökonomischen Transformation zu nachhaltigem Wirtschaften kommen, um die Katastrophe abzuwenden. Dies gilt erst recht für nicht anthropozentrische Perspektiven, für die Tiere und andere Lebewesen oder auch ganze Ökosysteme Träger von Werten sind.[24] Von dieser radikalen *deep ecology* bis hin zu streng anthropozentrischen Ansätzen bildet sich ein weites Spektrum von Positionen ab.[25]

Auch die Digitalisierung birgt Risiken. Die beiden heute dominierenden Modelle digitaler Transformation drohen die individuelle Selbstbestimmung der Menschen nachhaltig zu beschädigen. Im US-amerikanischen Silicon-Valley-Modell ist die digitale Transformation fast ausschließlich von kommerziellen Interessen getrieben und verschiebt die ökonomische Wertschöpfung auf Plattformen, die auf die Verfügbarkeit immenser Datenbestände ihrer Nutzer angewiesen sind. Die Nutzung dieser Plattformen und die Beteiligung an der digitalen Kommunikation hat den Preis des Verlustes informationeller Selbstbestimmung. Wer andererseits die Kontrolle über seine Daten bewahren möchte, ist gezwungen, sich gegenüber der Infrastruktur digitaler Kommunikation abzuschließen und kommerzielle Angebote nicht zu nutzen. Im staatskontrollierten Modell digitaler Transformation wiederum verfügen politische Autoritäten über sensible Informationen, mit denen sie ihre Bürgerinnen und Bürger kontrollieren und gegebenenfalls sanktionieren können.

Entgegen den ursprünglichen Erwartungen der Pioniere des World Wide Web hat die digitale Kommunikation nicht zur Befreiung, sondern zu neuen Abhängigkeiten geführt. Zugleich zeigen sich allerdings auch die Potenziale einer humanen Nutzung digitaler Tools. Zum ersten Mal in der Menschheitsgeschichte ist es nicht nur einer kleinen, privilegierten Elite vorenthalten, sich in Bibliotheken und Archiven

Informationen zu beschaffen. Die Zugänglichkeit des Weltwissens ermöglicht eine globale Zivilgesellschaft, in der Herkunft, Nationalität und Hautfarbe keine Rolle mehr spielen. Auch wenn die Ökobilanzen des gegenwärtigen Pfades digitaler Transformation ernüchternd sind und der Energieverbrauch von Rechnern und Suchmaschinen gigantisch ist und rasch wächst, haben die digitalen Technologien doch Potenziale für eine nachhaltige Wirtschaftsentwicklung. Schon heute kann in Regionen nachholender wirtschaftlicher Entwicklung, insbesondere im ländlichen Afrika, auf kostspielige und ökologisch nachteilige Infrastrukturmaßnahmen verzichtet werden, weil die Kommunikation über das Internet Telefonmasten und auch Arbeiten vor Ort überflüssig macht. Am Horizont zeichnet sich ein Szenario einer ressourcensparenden, digital gesteuerten und von grünen Energieträgern gestützten technisch-ökonomischen Entwicklung ab, die Wohlfahrtssteigerungen für die Weltbevölkerung ökologie- und zukunftsverträglich macht.

8 KONFORMITÄT IN KRISENZEITEN

oder: Wie eine kurze Linie plötzlich lang werden kann, wenn nur genügend Menschen daran glauben

Der coole, Lederjacke tragende Lehrer Rainer Wenger hat von der Direktorin für die Projektwoche der Abiturienten das Thema »Autokratie« aufgedrückt bekommen. Dabei hätte er sich als ehemaliger Hausbesetzer viel lieber mit dem Thema »Anarchie« befasst, das seinem Charakter doch viel eher entspricht. Doch wie sagt es sein Kollege so schön? »Alea iacta est – der Würfel ist gefallen.« Und so stellt sich der beliebte und engagierte Lehrer der neuen Aufgabe. Als die Jugendlichen beteuern, dass eine autokratische Herrschaft heutzutage niemals funktionieren würde, beschließt er, seinen Schülern durch ein Experiment zu verstehen zu geben, was passieren kann, wenn eine charismatische Figur einer Gemeinschaft das Gefühl von Identität, Zugehörigkeit, Macht und Überlegenheit vermittelt.

Zunächst beginnt es recht harmlos: Die Schüler sollen ihn stets mit »Herr Wenger« anreden und aufstehen, wenn sie mit ihm reden – natürlich nur, wenn er sie dazu auffordert. Dann sollen die Schüler in der Klasse im Gleichschritt auf der Stelle marschieren, um ein Gefühl für Gleichtakt und gemeinschaftliche Stärke zu bekommen. Als Nächstes entscheiden sich Wenger und seine Schüler dazu, eine Uniform zu tragen: Die Wahl fällt auf ein weißes Hemd zu dunklen Hosen. Die Einzige, die sich gegen die wachsende Konformität zur Wehr setzt, ist Karo. Sie weigert sich, die neue Uniform anzuziehen, und betritt am nächsten Morgen in einem roten T-Shirt das Schulgebäude. Rot, die Farbe der Revolution, der Individualität, des Lebens.

Als sie das Klassenzimmer betritt, sticht sie sofort heraus, haben sich alle anderen doch brav ein weißes Hemd angezogen. Genervt setzt sie sich auf ihren Platz.

»Karo, wir haben doch gesagt, dass wir alle mitmachen«, schnauzt sie ihr Sitznachbar an.

»Lass mich in Ruhe!«, erwidert Karo und starrt auf die Tafel, auf der »Macht durch Disziplin« und »Macht durch Gemeinschaft« geschrieben steht.

Dann betritt Wenger den Raum. Eine Neue ist dazugekommen, Mona. Zwei Weitere haben sich angekündigt, der Kurs ist beliebt wie sonst keiner an der Schule.

»Aber jetzt, wo wir so viele sind, brauchen wir doch einen Namen, oder?«, fragt – stehend natürlich – ein Schüler namens Dennis. Wenger pflichtet ihm bei, und auch die anderen Schüler sind seiner Meinung. Viele Schüler haben eine Idee. Sie kommen auf Namen wie »Die Basis«, »Der Pakt«, »Das Zentrum« und »Die Welle«. Auch Karo möchte etwas dazu beisteuern und hebt ihre Hand. Konsequent wird sie dabei von Wenger ignoriert.

»Sonst noch irgendjemand eine Idee? Niemand?«, fragt er, ohne Karo anzusehen, die sich schon seit Minuten vergeblich meldet. Schließlich ruft er sie doch auf. Karo steht auf: »Die Veränderer«, schlägt sie vor. Unnötig zu sagen, dass Karos Vorschlag in der Klasse auf keine einzige unterstützende Stimme kommen wird. Und so fällt die Wahl auf »Die Welle«.

Im Laufe der nächsten Tage entwickelt sich »Die Welle« zu einer echten Bewegung, die mit faschistischen Methoden arbeitet. Mitglieder der eigenen Gruppe werden unterstützt, Andersdenkende gemobbt. Karo entscheidet sich dazu, gegen »Die Welle« anzugehen. Sie fertigt Flugblätter an und versucht, ihre Mitschüler von der Gefährlichkeit der Bewegung zu überzeugen – auch wenn sie zunehmend Angst bekommt, von den Mitgliedern deswegen angegriffen zu werden, denn die Mitglieder der »Welle« sind so sehr von dem Zusammengehörigkeitsgefühl und der Macht, die sie als Gruppe verspüren, begeistert, dass sie *zunehmend aggressiv reagieren, wenn »die Welle« kritisiert wird. Am Ende muss Wenger einsehen, dass sein Versuch zwar gelungen, dafür aber die Menschlichkeit der Schüler im Laufe dieses Prozesses verloren gegangen ist. Als er vor die Klasse tritt und das Experiment für beendet erklärt, zieht ein Schüler, der sich besonders mit der »Welle« identifiziert hat, eine Pistole. Ohne »Die Welle« will er nicht mehr leben, und so schießt er erst auf einen Mitschüler, der sich ihm entgegenstellt, und dann auf sich selbst. Er stirbt und lässt einen verzweifelten Lehrer und eine traumatisierte Schulklasse zurück.*

Der Film basiert auf dem echten Versuch eines Geschichtslehrers namens Ron Jones, der 1967 an einer kalifornischen Highschool innerhalb von einer Woche eine faschistische Bewegung entstehen ließ, um seine Schüler hautnah miterleben zu lassen, warum und wie die Nazi-Bewegung in Deutschland Fuß fassen konnte. Wie im Film war auch der echte Lehrer selbst erstaunt, nicht nur darüber, wie erfolgreich das Experiment war, sondern auch, wie sehr er selbst dem Zauber der Machtergreifung und der Konformität erlegen war, bevor er es abbrach – zum Glück ohne tragischen Ausgang.

Aber auch schon vor Jones' privatem Experiment, das als »The Third Wave« bekannt wurde, gab es in der Psychologie und Soziologie immer wieder Studien zu dem menschlichen Grundbedürfnis nach Konformität und Zugehörigkeit. So konnte etwa der Psychologe Solomon Asch anhand seines 1951 durchgeführten »Konformitätsexperiments« feststellen, dass sich zwei Drittel der Probanden jeweils der Mehrheitsmeinung anschlossen, und das, obwohl ihre Entscheidungen sichtlich falsch waren. Zum Glück ging es in seinem Experiment nur um die Einschätzung der Länge von Linien, doch Asch konnte mit seinem Studiendesign auf das generelle Verhalten von Menschen schließen, die leider nicht nur gemeinsam über die Länge von Linien zu urteilen haben, sondern auch über wichtige politische Entscheidungen.

Wenn sich die Kommunikation zwischen den Anhängern

gegensätzlicher Auffassungen in diskursiven Gemeinschaften wie den sozialen Medien abspielt, wird ein solcher Mechanismus nur noch verstärkt. Eine derart diskursive Abschottung ist heute in weit höherem Umfang möglich, als dies vor der Entstehung der Internetkommunikation der Fall war. Eigene Publikationsorgane in Print- und Rundschreiben konnten sich in früheren Zeiten nur mühsam gegen Massenmedien behaupten. Unterdessen ist es recht einfach geworden, Gruppen zu bilden, deren Zugehörigkeiten durch geteilte Überzeugungen bestimmt sind. Innerhalb dieser Filterblasen der sozialen Medien wirkt sich der Konformismus in Form ideologischer Abschließung aus, das heißt, kritische Einwände kommen erst gar nicht mehr ins Bewusstsein. Wenn sich Vorurteile gegen andere verfestigt haben, ist aber genau ein solcher Austausch wichtig – zumindest als erster Schritt, wie der Psychologe Muzafer Sherif in seinem berühmt gewordenen »Ferienlagerexperiment« bereits 1954 gezeigt hat. Darin erforschte er, wie eine negative Gruppendynamik entstehen kann, wie sie wirkt und wie sie wieder abgebaut werden kann. Sein Experiment zeigte sehr deutlich, wie schwierig es für Gruppen ist, die sich aufgrund einer Gruppendynamik gegenseitig als »feindlich« abgestempelt haben, Vorurteile und Animosität der jeweils anderen Gruppe gegenüber wieder abzubauen. Sherif arbeitete dafür mit 20 bis 24 Jungen im Alter von zehn bis zwölf Jahren, allesamt aus »normalen« Mittelklassefamilien, die sich vorab nicht kannten. Diese wurden in zwei Gruppen geteilt und getrennt in ein Ferienlager gebracht, wo sie im ersten Stadium viel Zeit miteinander verbrachten, in denen sie gemeinsam Dinge unternahmen wie etwa wandern, klettern, schwimmen etc. Jede Gruppe sollte sich einen eigenen Namen geben (in diesem Fall waren es die »Bulldogs« und die »Red Devils«). Im zweiten Stadium hielt man Bulldogs und Red Devils dazu an, gegeneinander anzutreten. In diesem Stadium war zu beobachten, wie starke Konkurrenz und Animosität entstand. Die Jungs nahmen sich gegenseitig als negativ wahr und unterschieden deutlich in »wir« und »die«. Im dritten Stadium brachte man die beiden Gruppen zusammen in eine einzige Gruppe. Dies allein reichte allerdings nicht aus, um die beiden Gruppen miteinander zu versöhnen. Erst als die Jungen gemeinsam Aufgaben lösen mussten, gemeinsame Freude und gemeinsame Not empfanden, konnten die Vorurteile und Animositäten allmählich abgebaut werden.

Auch in der Coronakrise konnte man in der Gesellschaft ein starkes Bestreben nach Konformität bei gleichzeitiger Abwehr gegen Dissidenten feststellen. Als sich etwa eine Woche nach dem Frühjahrs-Lockdown sogenannte »Corona-Kritiker« zu Wort meldeten, sei es, weil sie kritisierten, dass die Einschätzungen der Bundesregierung falsch seien, da die Gefahr nicht so schlimm sei wie behauptet, sei es, weil sie meinten, dass die Maßnahmen unangemessen seien, da zu viele Kollateralschäden drohten und Bürgerrechte verletzt würden. Diese Sorgen kamen nicht nur vonseiten verrückter Verschwörungstheoretiker, sondern auch vonseiten seriöser Wissenschaftler, Ärzte, Epidemiologen, Philosophen, Psychologen und Soziologen. Die Reaktion auf die Kritik war überraschend heftig. Die Öffentlichkeit teilte sich in Windeseile in Pro und Kontra bezüglich der Regierungsmaßnahmen, unterschiedlichste Positionen wurden auf emotionale Weise im Netz geäußert und verteidigt. Diese Auseinandersetzungen wurden zum Beispiel auf Facebook ausgetragen und fanden ihren Weg bis hinein in private Beziehungen, für die die Coronakrise nicht selten zum Stresstest wurde. Aber auch in den Leitmedien tobte ein Krieg: Die Coronakrise wurde in ein melodramatisches Narrativ gepackt, das bekanntermaßen nach einem Gut-und-Böse-Schema funktioniert, dessen zentrales Motiv das Erkennen und Entlarven des wahrhaft Schuldigen ist und das mit allen zur Verfügung stehenden emotionalisierenden Mitteln dramatisiert wird.

Auch in Frankreich konnte man dieses Muster feststellen.

Dort war es der hoch renommierte und mit Auszeichnungen überhäufte Epidemiologe und Leiter eines Instituts für Infektionskrankheiten, Didier Raoult, der mit seinen Äußerungen zu Covid-19 in Frankreich für viele Menschen zu einer wichtigen Stimme wurde, von den meisten Leitmedien aber als gefährlicher Propagandist für falsche Medikamente und falsche Corona-Maßnahmen stilisiert wurde. In den Medien wurde ganz Frankreich in zwei Lager eingeteilt: auf der einen die Pro- und auf der anderen die Kontra-Raoultianer.

In Krisen werden Fragen darüber, was richtig und was falsch sei, oft ideologisiert. Es geht nicht mehr um ein Abwägen von Gründen, pro und kontra, sondern um die Frage, zu welchem Lager man gehört. Differenziertere Positionen wie etwa die, die sowohl den Gesundheitsschutz als auch die ökonomische, soziale und kulturelle Vitalität der Gesamtgesellschaft im Auge haben, werden schnell diffamiert.[26] Die mediale und auch persönliche Sehnsucht nach Konformität mag vielleicht in einer Krise – in der Menschen, zu denen natürlich auch Journalisten gehören, verängstigt sind – psychologisch verständlich sein, gut für die Demokratie ist es nicht. Politische Urteilskraft bleibt unverzichtbar. Jedes Argument ist zu prüfen, unabhängig von der Person, die es vorbringt. Nur eine inklusive, möglichst viele einbeziehende Auseinandersetzung mit der Herausforderung und ihren unterschiedlichen Bewältigungsstrategien kann am Ende zu einer Praxis führen, die allgemein zustimmungsfähig ist. Denk- und Diskussionsverbote gibt es weder in der Wissenschaft noch in der demokratischen Politik. Prof. Raoult aus Frankreich oder Dr. Wodarg in Deutschland mögen sich in ihren Einschätzungen getäuscht haben – aber auch die diversen Einschätzungen des RKI und von Prof. Drosten sind nicht über jeden Zweifel erhaben. Gerade in Krisenzeiten müssen Menschen sich genügend Raum für Fallibilismus lassen – auch wenn dies dem psychologischen Bedürfnis nach einer unantastbaren einheitlichen Meinung widerspricht.

In der Philosophie versteht man unter Fallibilismus die Auffassung, dass alle Überzeugungen irrtümlich sein können, dass es keinen festen Bestand an Behauptungen gibt, die jedem Zweifel grundsätzlich entzogen sind. Die Gegenposition zum Fallibilismus ist der Fundamentalismus. Demnach gibt es ein sicheres Fundament, von dem ausgehend man alles Wissen generieren könne. Seit einigen Jahrzehnten haben vor allem religiöse Fundamentalisten wieder Auftrieb, also jene, die bestimmte Wahrheiten für unumstößlich halten und ihr gesamtes Welt- und Menschenbild an diesen ausrichten. Typischerweise können Fundamentalisten unterschiedlicher Prägung miteinander nicht mehr diskutieren, da sie eben ganz unterschiedliche Glaubenssysteme im weitesten, nicht nur religiösen Sinne voraussetzen. Auch die politischen Ideologien sind Formen eines Fundamentalismus: Für Marxisten gelten die Thesen von Marx als unumstößlich, für Anhänger völkischer Ideologien rassistische Behauptungen und so weiter. Die Demokratie setzt voraus, dass Bürgerinnen und Bürger offen bleiben für das Argument, dass sie nicht lediglich Gläubige unterschiedlicher Ideologien sind. So bequem es ist, Menschen zu sortieren, in Schubladen zu stecken, sie abzustempeln und damit zu diskreditieren – diese Praxis ist mit der Demokratie unvereinbar.

In Krisensituationen haben viele Menschen verständlicherweise Angst. Wenn die Herausforderungen neu sind, wie etwa bei ungekannten Infektionskrankheiten, neigen viele Menschen dazu, eine geradezu kindliche Haltung einzunehmen, zu regredieren, wie das Psychologen nennen. Sie sehnen sich dann nach der Mama oder dem Papa, die ihnen die Ängste nehmen und Zuversicht einflößen. Das erklärt die Tendenz zum Konformismus in Krisensituationen. Abweichende Meinungen werden als bedrohlich empfunden und die Zugehörigkeit zur Mehrheitsmeinung als beruhigend. Das kann aber unter Umständen die Krise verschärfen, da die Akteure sich kein umfassendes Bild mehr machen, nicht mehr alle Optionen wägen, sondern unkritisch dem folgen, was der allgemeinen Stimmungslage entspricht.

Wenn wir mit Risiken konfrontiert sind, wissen wir nicht, welche Folgen am Ende unser Handeln haben wird. Erst im Nachhinein stellt sich heraus, welche kausale Rolle unsere Entscheidung für den weiteren Weltverlauf gespielt hat. Manchmal ist auch im Nachhinein diese Rolle nicht wirklich aufzuklären. Aber einmal angenommen, wir haben uns in einer Situation des Risikos für eine der offenstehenden Handlungsoptionen entschieden, wir haben etwa eine Geldanlage getätigt in der Erwartung, dass der Aktienwert deutlich steigen wird. Zwei Jahre später stellt sich heraus, dass das ein Irrtum war. Der Aktienwert ist gefallen, ja, er hat sich halbiert, ein großer Geldverlust ist die Folge.

Am Ende ist man klüger? Wissen wir nun, dass es falsch war, diese Anlageform zu wählen? Ja und nein. Bei der Interpretation stellen sich einige philosophische Fragen. Für Deterministen liegt der Weltverlauf immer schon fest. Es gibt keine Zufälle, streng genommen könnte man aus der vollständigen Kenntnis aller Gesetze und der vollständigen Kenntnis eines einzelnen Zustands der Welt, zum Beispiel des aktuellen, alle zukünftigen Weltzustände ableiten. Für Deterministen ist es in diesem Fall daher naheliegend zu sagen, die damals getroffene Entscheidung sei objektiv falsch gewesen. Denn schon zum damaligen Zeitpunkt lag objektiv fest, dass sich aus ihr negative Konsequenzen ergeben würden. Andererseits kann man einwenden, dass es uns zum damaligen Zeitpunkt unmöglich war, dies richtig abzuschätzen. Immer noch mag man sagen, die Entscheidung sei objektiv falsch gewesen, aber diese Tatsache kann man uns nicht vorwerfen: Die Anlageentscheidung war nach bestem Wissen erfolgt, wir hatten uns schon zuvor hinreichend informiert, mehr zu verlangen wäre nicht zumutbar gewesen.[27]

Für Probabilisten ist der Weltverlauf nicht determiniert. Zum Zeitpunkt der Entscheidung liegt also noch nicht fest, wie sich die Welt weiterentwickeln wird, die weiteren Pfade der Weltentwicklung haben lediglich eine bestimmte Wahrscheinlichkeit. Richtig ist eine Entscheidung dann, wenn sie den Erwartungswert ihrer Folgen optimiert. Daher bleibt eine solche Entscheidung – wenn sie den Erwartungswert ihrer Folgen optimiert – auch dann richtig, wenn am Ende das Unwahrscheinliche Realität wird und ein großer Geldverlust eintritt. Die Entscheidung war dann auch *objektiv* richtig, unabhängig davon, welche Folgen sie hatte.

Im öffentlichen Diskurs werden diese beiden Aspekte der Bewertung – »War die Entscheidung zum damaligen Zeitpunkt richtig?« einerseits und »Welche Folgen hatte die Entscheidung?« andererseits – gerne verwechselt, meist zum Nachteil des Diskussionsgegners. Nehmen wir ein gravierendes historisches Beispiel: Nach einer Phase lang anhaltender Prosperität, einer zunehmenden Globalisierung der Gesellschaft und kulturellem Austausch zwischen den Nationen spitzen sich Konflikte zwischen europäischen Nationalstaaten zu, und in Windeseile verbreitet sich in fast ganz Europa eine völlig irrationale Kriegsbegeisterung, die auch die klügsten Köpfe erfasst. Die Fin-de-Siècle-Stimmung, die Belle Époque, hatte offenbar einen Überdruss erzeugt, und die Aussicht auf eine existenzielle Herausforderung schien vor allem junge Menschen mit Lebenssinn zu erfüllen. Vielleicht spielte schon damals auch eine Überforderung durch die rasante Modernisierung eine Rolle. Nur sehr wenige kluge Köpfe stellten sich diesem Strom der Begeisterung und des nationalen Überschwangs entgegen. Als den meisten klar geworden war, dass der Erste Weltkrieg eine große europäische Katastrophe bedeutete, in die die beteiligten Nationen leichtsinnig hineingeschlittert waren, als das Volk gegen die Mächtigen aufstand und es in Deutschland zu revolutionären Erhebungen kam, die die alten Machteliten stürzten, wollte niemand von den Irrtümern hören, die erst vier Jahre zurücklagen. Die wenigen Mahner und Kritiker wurden nicht rehabilitiert, wenn man einmal von der vorübergehend erstarkten Rolle der linkssozi-aldemokratischen USPD[28] in den Revolutionswirren absieht. Ja, der Volkszorn richtete sich vor allem gegen diejenigen, die es schon immer besser gewusst hatten.

Eine ähnliche Dynamik zeigte sich nach dem Zusammen-bruch des sowjetischen Herrschaftssystems in Mittel- und Osteuropa: Diejenigen, die sich frühzeitig gegen Diktatur und Gängelung gestellt hatten, spielten zwar eine zentrale Rolle in der Phase des Übergangs, um dann aber rasch mar-ginalisiert zu werden. Auch hier dasselbe Muster: Die Dissi-denten gegen kollektive und individuelle Fehleinschätzungen gelten zunächst als Sonderlinge oder schwer erträgliche Bes-serwisser, die sich dem »Volkswillen« entgegenstellen, um dann, wenn sich dieser als irrtümlich herausstellt, als unlieb-same Zeugen des eigenen Irrtums ausgegrenzt zu werden. Man möchte nicht daran erinnert werden, dass es damals schon die Möglichkeit gegeben hätte, die Situation richtig zu beurteilen.

Irrtümer von Mehrheiten entfalten einen Sog durch den verbreiteten Konformismus, das Bemühen, zu den Stärkeren zu gehören. Irrtümer von Minderheiten müssen sich behaup-ten gegen den Konformismus der Mehrheit. Das gilt nicht umgekehrt: Richtige Überzeugungen von Mehrheiten bedür-fen keiner näheren Rechtfertigung, während richtige Über-zeugungen, die sich gegen den Irrtum der Mehrheit stellen, eine aufwendige Begründung erfordern, um sich behaupten zu können. Nur mit einer entwickelten politischen Urteils-kraft können Länder die großen Herausforderungen in Kri-senzeiten bestehen. Urteilskraft setzt aber voraus, dass wir uns unsere Fähigkeit zur Kritik und zur eigenständigen Stel-lungnahme jenseits von Konformismus auch in Zeiten der Angst nicht nehmen lassen.

9 WISSENSCHAFT UND POLITIK IN DER KRISE

oder: Was passiert, wenn in Indien Schnee den Tadsch Mahal bedeckt

Als der Klimaforscher Jack Hall seine wissenschaftlichen Mitarbeiter für eine Bodenprobe in die Tiefe der Antarktis bohren lässt, staunt er nicht schlecht, als plötzlich überall das Eis aufzubrechen beginnt. Doch die Bohrung kann kaum schuld sein an dem, was jetzt passiert: In Windeseile zieht sich ein riesiger Riss durch die meterdicke Eisdecke, und nur um Haaresbreite entgehen die Forscher dem tödlichen Abgrund. Wenige Tage später hält Hall während einer Klimakonferenz in Neu-Delhi einen Vortrag, in dem er vor einer radikalen Klimaveränderung in Form einer neuen Eiszeit warnt, die mit Sicherheit innerhalb der nächsten 100 bis 1000 Jahre eintreten wird, wenn nicht etwas gegen die Erderwärmung getan wird. Während einige seiner Zuhörer seine Warnungen durchaus ernst nehmen, ist der Vizepräsident der USA weniger beeindruckt. Er hat vor allem die ökonomischen Interessen des Landes im Blick und sieht nicht ein, warum die blühende US-Wirtschaft aus Angst vor einem eventuellen zukünftigen Klimawandel das Risiko einer Rezession eingehen sollte. Weder die Tatsache, dass es zu jener Zeit in Neu-Delhi zum ersten Mal seit Menschengedenken schneit, noch die vielen Hundert Demonstranten, die vor dem Palast »Stoppt die globale Erderwärmung« schreien, scheinen den Politiker aufzurütteln.

In The Day After Tomorrow *setzt der deutsche Katastrophenfilm-Experte Roland Emmerich alle visuellen Tricks ein, um dem Zuschauer das Ausmaß einer globalen Klimaveränderung nahezubringen. Überall auf der Welt beginnen nun Super-*

stürme und heftige Unwetter zu wüten. *Hall widmet sich erneut seinen Berechnungen und kommt zu dem Schluss, dass seine Voraussage einer neuen Eiszeit nicht nur zutreffend ist, sondern diese auch viel früher ausgelöst wird, nämlich jetzt, innerhalb der nächsten sechs bis acht Wochen. Als halb Los Angeles von einem Monster-Tornado in Schutt und Asche gelegt wird, begegnen sich der Forscher und der Politiker noch einmal.*

»Herr Vizepräsident«, insistiert Hall eindringlich, »es ist an der Zeit, über massive Evakuierungen nachzudenken.«

Der Politprofi sieht Hall mit großen Augen an: »Evakuierungen?« Doch seine Frage ist eine rhetorische, denn auch jetzt ist er nicht gewillt, sich von der Wissenschaft in seine Politik reinreden zu lassen. Wie sich sehr bald herausstellen wird, ein fataler Fehler, denn Halls Berechnungen sind leider alle korrekt. In ungeahnter Geschwindigkeit sorgen nun auf der gesamten Nordhalbkugel Schneestürme und sinkende Minustemperaturen für ein Massensterben. Die wenigen Überlebenden haben sich auf Hochhäuser gerettet und verharren dort in der Hoffnung, gerettet zu werden.

Gegen Ende des Films – der Vizepräsident ist inzwischen selbst Präsident geworden, nachdem der ursprüngliche Präsident auf der Flucht einem Eissturm zum Opfer fiel – gesteht der Politiker in einer Fernsehansprache ein, unrecht gehabt zu haben. Er übernimmt fast wortwörtlich das, was Jack Hall zu Beginn auf der Klimakonferenz gesagt hatte, und gibt zu, dass die Politik, und damit auch er ganz persönlich, einen schweren Fehler begangen hat: »Die zerstörerische Gewalt der Natur, die wir in den vergangenen Wochen erleben mussten, hat uns alle mit tiefer Demut erfüllt. Viele Jahre haben wir geglaubt, wir könnten uns der natürlichen Ressourcen unseres Planeten uneingeschränkt bedienen, ohne Konsequenzen fürchten zu müssen. Wir haben uns geirrt. Ich habe mich geirrt.«

In einem Zwischenschnitt sehen wir die Außenministerin, die mit einem zufriedenen Lächeln den Worten des Präsidenten lauscht. Sie steht stellvertretend für alle Klimaaktivisten, die sich danach sehnen, vonseiten der Politik einmal ein solches Schuldeingeständnis zu hören. An dieser Stelle macht der Film seinen pädagogischen Impetus mehr als deutlich, und die Botschaft ist klar: In puncto Klimawandel stehen sich Klimaforscher und Politiker als Antagonisten gegenüber, und Politiker, die nicht auf Wissenschaftler hören, riskieren nicht nur ihre Karriere oder das Wirtschaftswachstum, sie riskieren, die Menschheit sehenden Auges in eine Katastrophe zu stürzen.

Man muss nicht nach Hollywood schauen, um zu erkennen, dass die Klimadebatte in der Tat zu einem belasteten Verhältnis zwischen Wissenschaft und Politik geführt hat. In der medialen Darstellung wurde dabei viel Wert darauf gelegt, dass sich die gesamte Wissenschaft hinsichtlich des anthropogenen Klimawandels, seines Ausmaßes und der notwendigen Gegenstrategien einig sei, um den sogenannten »Klimaskeptikern« die ganze Wucht wissenschaftlicher Kompetenz entgegenstellen zu können. Dadurch ist das Zerrbild einer geeinten, alle Kontroversen hinter sich lassenden Wissenschaft entstanden. Die wenigen seriösen wissenschaftlichen Dissidenten können dann als Abweichung von einem erreichten wissenschaftlichen Konsens marginalisiert werden. Doch die Einigkeit, die in den Medien oder in Hollywoodfilmen behauptet wird, existiert im echten Leben nicht. Es ist nicht Einigkeit, sondern es sind Kontroversen, die den wissenschaftlichen Fortschritt voranbringen.

Die Politik ihrerseits tendiert dazu, die ihr jeweils genehmen wissenschaftlichen Stellungnahmen zur Stützung eigener Positionen heranzuziehen, etwa in Sachverständigen-Anhörungen des Deutschen Bundestages. Dadurch entsteht das, was gelegentlich als »Gutachterdilemma« bezeichnet wird: Es stehen sich wissenschaftliche Gutachten, die jeweils für sich unbezweifelbare Kompetenz in Anspruch nehmen, mit entgegengesetzten Schlussforderungen gegenüber. Um dieses Dilemma abzumildern, sollten sich die Fraktionen im Bundestag und in den Landtagen jeweils an wissenschaftliche

Akademien wenden, die dann dazu angehalten werden, das ganze Spektrum wissenschaftlich begründeter Stellungnahmen zu der jeweiligen Thematik einzuholen. Die Instrumentalisierung wissenschaftlicher Expertise zu politischen Zwecken würde so eingedämmt, und die vor einigen Jahren in Deutschland eingerichtete Nationale Akademie, zusammengesetzt aus der Deutschen Akademie der Naturforscher Leopoldina, der Union der deutschen Akademien der Wissenschaften sowie der Deutschen Akademie der Technikwissenschaften (acatech), würde so eine Aufwertung erfahren.

Insbesondere in den ersten Wochen der Covid-19-Pandemie 2020 hat es zwischen Wissenschaft und Politik offenbar ein gravierendes Missverständnis gegeben. Die Politiker meinten, dass sie jetzt nur das täten, was ihnen die Virologen und Epidemiologen empfählen, während diese ihrerseits betonten, dass sie für die politische Gesamtstrategie nicht die Verantwortung übernehmen könnten. Erst mit der Anrufung der Leopoldina und ihrer Stellungnahme änderte sich das Bild zum Positiven. Der Blick weitete sich, und wissenschaftliche Disziplinen, die, jenseits der Virologie und Epidemiologie, für eine gute Strategie in der Krise relevant sind, wurden einbezogen. Ein positives Signal ähnlicher Art setzte dann im Mai Gesundheitsminister Jens Spahn mit seiner an den Deutschen Ethikrat gerichteten Bitte, eine Stellungnahme zur Frage eines möglichen Immunitätsausweises zu verfassen. Das offene Eingeständnis politischer Ratlosigkeit und der Respekt vor ethischer Expertise sind ein gutes Zeichen.

Die Politik muss das Ganze im Auge haben, die Einzelwissenschaften jeweils nur Teile der Realität. Die Politik muss agieren, die Wissenschaft muss beschreiben und erklären. Die Politik ist durch und durch normativ verfasst, die Wissenschaft ganz überwiegend deskriptiv, sie beschreibt, was der Fall ist, und erklärt, was sich ereignet. Allerdings sind zwei Disziplinen zu wesentlichen Teilen normativ: die Philosophie mit ihrer Subdisziplin der Ethik und die Jurisprudenz.

Es ist kein Zufall, dass in Krisenzeiten erwartet wird, dass diese Disziplinen Orientierung geben. Damit sie dazu imstande sind, müssen sie sich allerdings auf die empirischen Analysen in den Natur- und Sozialwissenschaften einlassen. Dies macht das interdisziplinäre Gespräch so wichtig, obwohl es angesichts der unterschiedlichen Fachsprachen und Paradigmen nicht leicht zu organisieren ist.

Die modernen Gesellschaften sind mit einer Vielfalt partikularer Rationalitäten konfrontiert, einer hoch entwickelten Kompetenz für Detailprobleme, nicht nur in der Wissenschaft, sondern auch in den öffentlichen Verwaltungen, den Bildungseinrichtungen, den Unternehmen, Verbänden und Gewerkschaften, auch in Interessengruppen und Bürgervereinen. Diese partikularen Rationalitäten, die sich oft genug widersprechen und deren Sprachen und Methoden nicht verallgemeinerbar sind, zusammenzuführen, um eine vernünftige politische Praxis zu ermöglichen, ist unabdingbar. In der Demokratie kann dies nur unter Einbeziehung aller Akteure und der gesamten Bürgerschaft Erfolg haben. Die Demokratie mutet und traut jeder Bürgerin und jedem Bürger zu, sich ein eigenes Urteil zu bilden. Wäre es jeweils die wissenschaftliche Instanz, die uns sagt, was für die Bürgerschaft richtig und falsch ist, hätte die demokratische Meinungsbildung keinen Ort. Das beständige Ringen um das, was für uns gemeinsam gut ist und was aus unterschiedlichen Perspektiven und Interessenlagen akzeptabel ist, macht die Demokratie aus. Wer im identitätspolitischen Gestus nur die Artikulation eigener Interessen für legitim, ja möglich hält, zerstört das normative Fundament der Demokratie. Damit nimmt die Demokratie in Kauf, dass Vorurteile und Interessenlagen den öffentlichen Diskurs mitbeeinflussen.

Das Mittelalter war voller Verschwörungstheorien *avant la lettre*. Jedes Unheil wurde mit bösen Omen, eigenen Sünden oder dunklen Mächten in Verbindung gebracht. Bei Zeitenwenden wurde regelmäßig der Weltuntergang erwartet. Böse

Geister, die im Hintergrund die Fäden zögen, wurden zur Erklärung von Katastrophen herangezogen. Dass wir heute, im 21. Jahrhundert, eine Renaissance von Aberglauben, Strahlenmystik, Magie und dunklen Mächten erleben, belegt, dass das Projekt der Aufklärung nicht vollendet, sondern immer wieder neu realisiert werden muss.

Die Vorstellung, dass es in jeder Situation eine wissenschaftlich begründete Stellungnahme gebe, führt fast immer in die Irre. Die moderne Wissenschaft ist durch Kontroversen, sich widerstreitende Hypothesen, auch unversöhnliche Paradigmen geprägt, und die Sehnsucht nach der einen großen Lösung, in der alle wissenschaftliche Kompetenz zusammengeführt ist, die uns ein konsistentes Weltbild vermittelt und auf dieser Basis Handlungsanleitungen gibt, ist ein Rückfall in vormodernes Denken. Das Projekt der Aufklärung, die ergebnisoffene Suche nach der am besten begründeten Theorie oder Interpretation, ist bis in die Gegenwart unvollendet geblieben.

Um ein Beispiel zu geben: In den 1960er- und 1970er-Jahren war es Konsens in der Wissenschaft, dass die Versorgung der Welt mit Energie ohne den massiven Ausbau der Kernkraft nicht möglich sei. Kritiker wandten ein, dass das Energiewachstum beschränkt werden müsse. Wissenschaftliche und technische Experten antworteten, dass damit die wirtschaftliche Prosperität, die Wachstum verlange, gefährdet werde. Es gebe einen engen, statistisch belegbaren Zusammenhang zwischen Energieverbrauch und Wirtschaftsleistung – was zutreffend war. Erst mit dem Paradigmenwechsel zur Energieeffizienz, das heißt zu dem Ziel, mit möglichst wenig Energieaufwand möglichst viel Wirtschaftsleistung zu ermöglichen, wurde dieser weitgehende wissenschaftliche Expertenkonsens aufgebrochen. In Europa entkoppelten sich in den 1990er-Jahren Wirtschaftswachstum und Energiewachstum, und über ein Jahrzehnt später auch in den USA. Ein Paradigmenwechsel des politischen Denkens führte zu einer grundlegend veränderten politischen und ökonomischen Praxis. Er wurde erzwungen durch den politischen Widerstand gegen den Ausbau der Kernenergie und durch die Umweltbewegung generell, die erst spät einen langsam wachsenden Anteil wissenschaftlicher und ökonomischer Experten für sich gewinnen konnte.

Das Ziel der umfassenden Rationalität politischer Praxis ist allein im Vertrauen auf wissenschaftliche Expertise nicht zu erreichen. Es erfordert ebenso die Urteilskraft der Bürgerschaft sowie derjenigen, die Politik zum Beruf gemacht haben. Das ist die zentrale Herausforderung der Demokratie in Krisenzeiten.

10 WAHRHEIT UND WAHRHAFTIGKEIT

oder: Warum es nicht sein darf, dass eines Tages
ein Scheinwerfer vom Himmel fällt

*Alles beginnt damit, dass an einem sonnigen Tag plötzlich ein
Scheinwerfer vom Himmel fällt. Ein Scheinwerfer? Wie kann
denn so etwas passieren? Das Gleiche fragt sich auch Truman,
der Held des Films* Die Truman Show. *Der Scheinwerfer – so
stellt sich im Laufe der nächsten 30 Filmminuten heraus – ist
nur der Anfang einer ganzen Reihe von seltsamen Dingen, die
plötzlich geschehen und die Truman nicht nur zutiefst verun-
sichern, sondern auch in eine existenzielle Krise stürzen. Was,
wenn sein Leben nur ein Traum gewesen ist oder – noch schlimmer – fremde Mächte sein Leben von Anfang an gesteuert
haben?*

*Was in der realen Welt nach einer psychotischen Wahnvor-
stellung klingt, ist in diesem Fall keine, denn Truman ist in der
Tat kein normaler Mensch, der in einer normalen Welt lebt.
Truman ist ein Fernsehstar. Allerdings einer, der nicht weiß,
dass er einer ist. Seine Welt besteht aus einem Filmset, sein
Leben ist das Ergebnis von ausgeklügelten Drehbüchern und
Inszenierungen. Seine Eltern, seine Freunde, seine Nachbarn
und seine Arbeitskollegen sind allesamt engagierte Schauspieler. Sogar seine Frau wird von den Machern der Truman Show
bezahlt. Die Filmproduktionsgesellschaft, die das Waisenkind
Truman direkt nach seiner Geburt adoptiert hat, scheut seither
keine Mühen, die perfekte Illusion einer vollkommen harmoni-
schen Welt zu schaffen – doch irgendetwas, so spürt Truman
seit dem abgestürzten Scheinwerfer, ist faul an diesem Paradies
... nur was?*

Ein paar Tage später vertraut er sich eines Nachts am Hafensteg seinem besten Freund Marlon an. Ob er nicht auch manchmal das Gefühl habe, dass etwas nicht stimme, dass alle etwas wüssten, was er nicht wisse? Marlon versucht, ihn zu beruhigen: »Du bist der Mensch, der mir am nächsten ist, wie ein Bruder, Truman. (…) Der Punkt ist, ich würde mich jederzeit vor ein Auto für dich werfen, Truman. Und das Letzte, was ich je tun würde, ist, dich anzulügen. Denn denk doch, wenn alle im Bilde wären, dann wäre ich auch im Bilde. Ich bin nicht im Bilde, weil es kein Bild gibt.«

Truman hat Tränen in den Augen. Wie sollte er seinem besten Freund nicht glauben? Truman weiß nicht, dass Marlons Worte nicht aus dessen Herzen, sondern über einen Ohrhörer direkt von Christof stammen. Christof, der geniale Regisseur und Manipulator, weiß genau, was Marlon sagen muss, um Truman entsprechend zu beeinflussen. Seine Kommunikation ist nicht ehrlich, sondern strategisch. Ob der Schauspieler, der die Rolle von Marlon spielt, ethische Probleme mit seiner Rolle hat, wissen wir nicht, möglicherweise tröstet er sich damit, dass er nicht nur seinen eigenen Job sichern, sondern auch Truman ein sicheres und gutes Leben in der fiktiven kleinen Stadt ermöglichen kann.

Doch das ungute Gefühl lässt Truman nicht mehr los, und so beschließt er, die Stadt zu verlassen. Das kann nur auf dem Seeweg geschehen, denn das künstliche Städtchen Seahaven ist eine Insel. Obwohl Truman panische Angst vor Wasser hat, nimmt er all seinen Mut zusammen. Er chartert ein Boot und sticht in See. Zuschauer auf der ganzen Welt, die quasi seit Trumans Geburt in Form der Dauersendung Anteil an seinem Schicksal nehmen, halten die Luft an. Auch wenn sie gerade dabei sind, den Star ihrer Lieblingsshow zu verlieren, sind sie auf seiner Seite. Sie wünschen ihm, dass er die Wahrheit über sein Leben herausfindet und damit endlich die Freiheit wiedergewinnt, die er verdient.

Der Einzige, der dagegen ist und seine Ankunft am anderen

Ende des künstlichen Meeres zu verhindern versucht, ist Christof. Er fühlt sich Truman gegenüber wie ein übermächtiger Gottvater und tut alles, um ihn daran zu hindern, das Ufer zu erreichen. So lässt er einen künstlichen Sturm über Trumans kleinem Boot heraufziehen, der Truman zwar mächtig zusetzt, ihn aber nicht daran hindert weiterzufahren. Im Gegenteil. Mehr denn je will Truman endlich die Insel verlassen und die Wahrheit über sein Leben erfahren. Daran kann auch der Tornado nichts ändern, den Christof jetzt entstehen lässt und bei dem Truman fast ums Leben kommt. Schließlich sieht Christof ein, dass Widerstand keinen Zweck mehr hat. Er beendet das Unwetter und lässt – gottgleich – das gute Wetter wieder aufkommen. Truman kommt am Ende des Meeres an. Das Ende aber – so muss er mit Schrecken erfahren – ist nicht etwa ein Strand oder eine Küste, sondern eine harte Betonwand, an der ein schmaler Steg entlangführt. Truman verlässt sein Boot und pocht gegen die Wand, doch sie gibt nicht nach. Tastend geht er weiter, so lange, bis er an eine Treppe kommt, die zu einer Tür führt. »Exit« steht da drauf. Truman weiß, dass diese Tür ihn zur wahren Welt führen wird. Truman holt tief Luft. In diesem Moment meldet sich Christof, dessen Stimme über die Lautsprecher in Trumans gesamter Welt widerhallt.

»Truman, du kannst sprechen, ich kann dich hören«, sagt Christof mit einer sanften Stimme.

»Wer sind Sie?«

»Ich bin der Schöpfer der Serie, die Millionen von Menschen Freude und Hoffnung bereitet und sie inspiriert.«

»Und wer bin ich?«

»Du bist der Star«, sagt Christof, der ihn auf dem kleinen Bildschirm seines Laptops ansieht, den er auf den Knien hält.

»War gar nichts echt?«, will Truman wissen.

»Du warst echt.«

Doch diese Antwort reicht Truman nicht. Denn was ist sein Leben wert, wenn nichts, woran er geglaubt hatte, wahr gewesen ist?

Ein letztes Mal versucht Christof, Truman in seiner Welt zu halten. Wenn er diese Tür nicht aufmache, so verspricht ihm Christof, werde er »nichts zu befürchten haben«. Wie ein zärtlicher Vater streicht er dem Fernsehbild Trumans über den Kopf. »Du hast Angst. Das macht nichts«, sagt Christof, der, so spürt der Zuschauer, aufrichtige Zuneigung für Truman empfindet. »Du kannst nicht weggehen. Du gehörst zu mir.«

Nicht nur die Fernsehzuschauer im Film, sondern auch wir, die Filmzuschauer, halten den Atem an. Truman schweigt einen Moment. Dann sieht er angriffslustig nach oben, grinst übertrieben und verabschiedet sich: »Falls ich Sie nicht mehr sehe, guten Nachmittag, guten Abend und gute Nacht.« Dann geht er durch die Tür.

Innerlich jubeln wir: Er hat sich befreit. Nun wird er endlich das wahre Leben kennenlernen. Auch wenn es – wie Christof ihn zu Recht gewarnt hat – eine Welt voller Lügen und Enttäuschungen ist: Es ist eine Welt, die echt ist.

Jemandem die Wahrheit vorzuenthalten muss nicht zwangsläufig aus niederen Motiven geschehen. Es kann auch aus dem Wunsch heraus erfolgen, jemanden zu beschützen. Auch Politiker oder Journalisten sehen sich zuweilen vor die Wahl gestellt, nicht immer die ganze Wahrheit zu sagen, sei es, um Dinge nicht zu verkomplizieren, die Bürger nicht zu beunruhigen, sei es, um zu verhindern, dass sie auf einen falschen Weg geraten. In den frühen Tagen der Coronakrise, nachdem die Kontaktverbotsmaßnahmen von der Bundesregierung ergriffen worden waren und sich die ersten kritischen Stimmen gemeldet hatten, wurden diese – aus Sorge, die Bürger könnten auf diese Weise vom (lebenswichtigen) Pfad abgebracht werden – bewusst von den Medien und den verantwortlichen Politikern gedämpft, ignoriert und zum Teil diffamiert. Es wurde »strategisch kommuniziert« (Habermas). Dieses Phänomen war bereits 2400 Jahre vorher Platon bekannt. In einem fulminanten Dialog, dem *Theaitetos*, kritisiert er eine solche Kommunikation und stellt sie der Wahrhaftigkeit und der Orientierung am besseren Argument gegenüber. Platon verachtet Rhetoriker und Sophisten, denen es nicht darum geht, zu klären, was der Fall ist, erst recht nicht, die grundlegenden Begriffe zu untersuchen und die Ursachen zu analysieren, sondern lediglich darum, den Sieg in einem Wortstreit davonzutragen.

Wahrheitsorientierung setzt zweierlei voraus: erstens, dass man davon überzeugt ist, dass es Wahrheit gibt und nicht bloße Meinungen; nennen wir dies den erkenntnistheoretischen Realismus. Und zweitens, dass Menschen sich auf die Wahrheitssuche einlassen, sich also von Gründen affizieren lassen und Widerlegungen eigener Meinungen akzeptieren. Die Fähigkeit zum rationalen Umgang mit Risiken hängt von beidem ab: einer realistischen Grundhaltung und der Tugend der Wahrhaftigkeit.[29]

Ein Streitpunkt in der Coronakrise in Deutschland war die Frage, ob der erste Lockdown notwendig und angemessen war, oder spezifischer: wenn er notwendig war, ob er zum richtigen Zeitpunkt erfolgte, im Umfang den Herausforderungen entsprach und die Dauer auf einer rationalen Abwägung aller relevanten Aspekte beruhte. Das Robert Koch-Institut (RKI) veröffentlichte am 23. April 2020 eine Abbildung, aus der überraschenderweise hervorging, dass die sogenannte »effektive Reproduktionszahl (R)« schon vor den staatlichen Maßnahmen in Gestalt von Ausgangsbeschränkungen und Kontaktsperren unter die entscheidende Größe von 1 gesunken war und während des Lockdowns sich sogar wieder leicht erhöhte, allerdings zu jedem Zeitpunkt knapp unter 1 blieb (siehe Anhang »Zahlen und Fakten«, Abb. 5 und 6). Auch die Lockerung der Maßnahmen in den Bundesländern ließ die Reproduktionszahl nicht mehr über 1 ansteigen.[30] Selbst die unterschiedlich rigiden Eingriffe in den Ländern bildeten sich im Infektionsgeschehen nicht ab. Das »liberalste« Bundesland Thüringen musste seinen Kurs nicht, wie von vielen befürchtet, mit einem Anstieg der Infektionen bezahlen, und das rigideste Bundesland Bayern hatte im Vergleich zu anderen Bundesländern keine bessere, eher eine schlechtere Entwicklung der Pandemie vorzuweisen. Die Erklärung dieses Phänomens mit den unterschiedlichen Niveaus der anfänglichen Infiziertenzahlen (Ischgl-Rückkehrer-Effekt) beruht auf einem mathematischen Denkfehler.[31]

Bei erster Beobachtung dieser Zusammenhänge scheint klar zu sein: Der Lockdown war unwirksam und, weil unwirksam, unnötig. Dieser Schluss ist allerdings nicht zwingend. Es könnte sein, dass der Lockdown nicht notwendig war, um R unter 1 zu drücken, dass aber ohne Lockdown dieser Rückgang unter R nur wenige Tage angehalten hätte, weil die anfängliche Panik und ihre Auswirkung auf Social Distancing rasch nachgelassen hätten, ein Phänomen, das sich im Sommer 2020 in zahlenstarken Demonstrationen ohne Schutzmaßnahmen abbildete.

Interessanterweise wurde so jedoch nicht argumentiert, vielmehr wurde denjenigen, die den Lockdown aufgrund dieser Daten für unnötig hielten,[32] entgegengehalten, dass ja die Wirkungen staatlicher Maßnahmen einen zeitlichen Verzögerungseffekt hätten und das RKI insofern mit dieser Veröffentlichung einen Fehler gemacht habe. Dieses Argument ging viral, wurde immer wieder in den Debatten aufgegriffen und den Kritikern entgegengehalten, obwohl es nachgerade absurd ist, denn wenn es diesen zeitlichen Verzögerungseffekt gibt – was außer Frage steht –, dann verstärkt es lediglich diese Kritik.

Andere, komplexere Verteidigungsargumente verwiesen auf die Tatsache, dass die Situation sich in unterschiedlichen Regionen deutlich verschieden darstelle und deshalb R keine Aussagekraft habe, was dann aber die Orientierung der Corona-Bewältigungsstrategie insgesamt infrage stellte. Ein anderes Argument besagte, dass der Schluss auf die Wirkungslosigkeit des Lockdowns deswegen unzulässig sei, weil zu Beginn der Pandemie in Deutschland die Infektionen vor allem von Rückkehrern aus dem Ausland, in kleinerem Umfang von Besuchern aus dem Ausland (im Fall Webasto, des oberbayerischen Automobilzulieferers, von einer chinesischen Geschäftsfrau) verursacht worden seien und daher die Reproduktionszahl anfänglich statistisch als weit überhöht dargestellt worden sei. Auch das ist selbstverständlich kein Argument, denn es zeigt lediglich, dass die Reproduktionszahl dadurch zunächst überhöht geschätzt wurde, aber nicht, dass sie schon vor dem Lockdown das angestrebte Niveau unter 1 erreicht hatte. Überdies handelt es sich hierbei um ein qualitatives Argument, das ohne Quantifizierung wenig aussagekräftig ist, man muss ja wissen, um wie viel der R-Faktor durch Migrationsphänomene verändert wurde, um die Statistik entsprechend zu korrigieren. Es bleibt zu vermuten, dass auch mit einem solchen Korrekturfaktor das Absinken von R innerhalb weniger Wochen beträchtlich war.

Die Rhetorik, die Platon im Gorgias-Dialog als Schattenwissenschaft charakterisiert, instrumentalisiert nun diesen Befund je nach Interessenstandpunkt ganz unterschiedlich.

Die eine Strategie, nennen wir sie die »Verkomplizierungsstrategie«, verfolgt ein klares Ziel: Die Tatsache, dass R schon vor den staatlichen Lockdown-Maßnahmen unter 1 lag, sollte vernebelt werden, indem den Kritikern ihre Unkenntnis der genauen Modellrechnungen und anderer Detailfragen vorgehalten wird. Das ist ein unlauterer rhetorischer Trick, mit dem man Irrtümer der Expertenmeinung gegenüber öffentlicher Kritik abzuschirmen versucht.

Die zweite Strategie kann man »unzulässige Verallgemeinerungsstrategie« nennen. Diese wurde in der Debatte auch von der Gegenseite aufgegriffen, die aus der Tatsache, dass das Ziel schon vor dem Lockdown erreicht war, den unzulässigen generellen Schluss zog, dass der Lockdown für das Aufrechterhalten von R < 1 unwirksam war (was sein kann, aber nicht sein muss) und generell staatliche Maßnahmen für das Absinken von R unwirksam sind.

Selbstverständlich sind alle Interpretationen immer mit gewissen Unsicherheiten behaftet und beruhen auf zusätzlichen Annahmen, die meist nicht vollständig explizit gemacht werden (können). Eine plausible Interpretation statistischer Befunde und anderer empirischer Daten verlangt eine möglichst stimmige, mit anderen empirischen Befunden gut bestätigten Regularitäten vereinbare Erklärung. Eine gute Interpretation zeichnet sich dadurch aus, dass sie sich besser als andere mit wohlbegründeten Theorien und unbezweifelbaren Erfahrungen in Einklang bringen lässt. In der Philosophie wird dies als Kohärentismus oder als kohärentistische Erkenntnistheorie charakterisiert, wonach es nicht möglich ist, von einem sicheren Fundament alles andere herzuleiten (das wäre eine fundamentalistische Erkenntnistheorie), sondern wir immer in einem Prozess der Abwägung stehen, da es ein solches *fundamentum inconcussum* (»unerschütterliches Fundament«), wie die Logiker des Mittelalters es nannten, nicht gibt. Wir ringen immer um das bessere Argument, und das, was als gutes Argument erschien, kann sich bei Heranziehung weiterer Aspekte als unzutreffend herausstellen. Wir sind in diesem Sinne vernünftigerweise immer Fallibilisten, wir gehen davon aus, dass wir uns täuschen können.[33]

Die wohl plausibelste Interpretation in diesem Fall ist, dass die anfänglich rasche Ausbreitung der Infektionen, insbesondere in der Karnevalszeit und in den ersten Tagen nach der Rückkehr der Skiurlauber aus Gebieten Südtirols und Tirols, zunächst durch das Verbot von Großveranstaltungen, vor allem aber durch die beängstigenden Bilder aus Bergamo und Umgebung gedämpft wurden. Die auffällig niedrige Letalität von Covid-19 in Deutschland zu Beginn (0,3 Prozent Todesfälle unter den Registrierten) ist vermutlich darauf zurückzuführen, dass die zunächst Infizierten ganz überwiegend jüngere und gesunde Skifahrer waren und sich die Älteren und Gefährdeten vorsichtig verhielten. Das massive Ansteigen der Letalität in Deutschland (innerhalb weniger Wochen eine Verzehnfachung) ist neben dem Verzögerungseffekt (manche Todesfälle erst nach dreiwöchiger Erkrankung) vor allem auf das Ausgreifen der Pandemie auf Alten- und Pflegeheime, sogar auf Krankenhäuser zurückzuführen. Zudem erlaubten die unzureichenden Testkapazitäten keinen effektiven Schutz vor Infektionen, selbst Menschen mit Symptomen, aber ohne nachweisbaren Kontakt zu registrierten Infizierten wurden von den Gesundheitsämtern nicht getestet. Der massive Rückgang, der trotz dieser Unzulänglichkeiten der Covid-19-Bekämpfung auftrat, muss zum großen Teil mit dem risikovermeidenden Verhalten der Bevölkerung, zumal der Älteren und Gefährdeten, zusammenhängen. Er kann nach Lage der Dinge nicht allein auf staatliche Maßnahmen zurückgeführt werden, so wichtig das Verbot von Großveranstaltungen auch war. Ausschlaggebend für diesen starken, zunächst einer Sinuskurve gleichenden Rückgang der Infektionsrate muss das Alltagsverhalten der Bürgerinnen und Bürger gewesen sein, woraus sich die vorsichtige Schlussfolgerung ziehen lässt, dass der Appell an Kooperationsbereitschaft und Solidarität (auch die wenig Gefährdeten sollten Infektionen vermeiden, um die Gefährdeten zu schützen) sowie die allgemeine Vorsicht, aber auch die unabhängig von staatlichen Appellen gewonnene Einsicht, dass Covid-19 ein hohes Gesundheitsrisiko birgt, muss sehr wirksam für die Entwicklung der Pandemie in Deutschland und Österreich, aber auch in Ostasien gewesen sein.

Das heißt natürlich nicht zwingend, dass abgesehen vom Verbot von Großveranstaltungen allein auf Einsichtsfähigkeit und Solidarität gesetzt werden könnte. Wenn diese Schlussfolgerung zuträfe, dann wäre dies eine gute Botschaft für die Demokratie, die generell auf die Vernunft und Eigenverantwortung ihrer Bürger und Bürgerinnen setzt. Demokratie verlangt nach einer optimistischen Anthropologie.[34] Zur Wahrhaftigkeit sind aber nicht nur Bürgerinnen und Bürger, Journalistinnen und Journalisten, Politikerinnen und Politiker verpflichtet, die sich in der Demokratie an der öffentlichen Diskussion beteiligen, sondern auch staatliche Instanzen. Hier widersprechen wir Platon, der in der *Politeia* zwar die Tugend der Wahrheitsorientierung *(sophia)* hochhält und die Politik an Wissenschaft und Philosophie ausrichten möchte, zugleich aber den Staat für berechtigt hält, mit gezielten Lügen die Menschen zum richtigen Verhalten zu bringen.

Das Verhältnis zwischen Bürgerschaft und Staat ist reziprok: Das, was der Staat von seinen Bürgerinnen und Bürgern verlangt, können diese von staatlichen Akteuren verlangen. Wenn staatliche Maßnahmen ergriffen werden, die massiv in Grundrechte eingreifen, müssen sie gegenüber den entrechteten Bürgerinnen und Bürgern gerechtfertigt werden. Ein vager Hinweis auf Risiko und Risikominimierung reicht nicht aus – jedenfalls nicht auf Dauer. Allenfalls zu Beginn einer schweren Krise, angesichts einer völlig unübersichtlichen Lage, zum Beispiel infolge eines Erdbebens, eines militärischen Eingriffs oder einer unbekannten Seuche, lässt es sich rechtfertigen, Maßnahmen ohne Kriterien ihres Erfolges zu erlassen. Insofern ist es erstaunlich, ja in unseren Augen inakzeptabel, dass die Kriterien, die während der Coronakrise für die jeweiligen Maßnahmen angeführt wurden, im Laufe von wenigen Wochen mehrfach wechselten, oft nicht einmal explizit gemacht wurden, und dass über lange Zeit die Aufforderung aufrechterhalten wurde, keine Diskussionen zu führen. Dies ist einer Demokratie doppelt unwürdig: Es behandelt die Bürgerinnen und Bürger wie Kinder und beschädigt die spezifisch demokratische Rationalität der Krisenbewältigung.

Ohne Wahrheitsorientierung kann es keine verlässliche Krisenbewältigung geben. In der Demokratie ist, wie in anderen politischen Systemen, in der Krise entschlossenes und kohärentes Handeln gefordert. Dies kann sich nicht an den Stimmungen in der Bevölkerung orientieren. In der modernen Datengesellschaft muss auf rasch sich ändernde Wissensstände reagiert werden, und das verlangt, die Kriterien der Entscheidung und ihre normativen Grundlagen offenzulegen, sodass die Öffentlichkeit Strategiewechsel nicht als Ausdruck von Ratlosigkeit und Sprunghaftigkeit wahrnimmt, sondern als folgerichtige Reaktion auf sich ändernde Handlungsbedingungen.

11 DAS COVID-19-EXEMPEL

Am Ufer von Chinas wichtigstem Strom ranken sich Ungetüme aus Glas und Stahl in den Himmel. 438 Meter misst der höchste dieser Türme, an einem weiteren, der über 600 Meter in die Lüfte ragen soll, wird gerade gebaut. Schon jetzt nimmt es Wuhans Skyline mit den weitaus bekannteren Metropolen der Welt auf. Elf Millionen Menschen leben in Chinas neuntgrößter Stadt und damit mehr als in Paris, London oder New York. Die zentralchinesische Stadt ist ein Verkehrsknotenpunkt. Der Flughafen zählt zu den größten des Landes, er ist Ausgangspunkt für Direktflüge nach Europa, konkret Rom, Paris und London. Noch bequemer sind die Anschlüsse innerhalb des Riesenreichs. Vom modernen Hauptbahnhof, einer Kathedrale aus Kuppeln und Glas, brauchen Hochgeschwindigkeitszüge gerade mal vier Stunden und zwanzig Minuten in die Hauptstadt Beijing, die 1150 Kilometer nördlich liegt. Nur ein paar Blöcke hinter dem Bahnhof tut sich aber eine andere, alte, fast schon archaische Welt auf. Auf mehr als 50 000 Quadratmetern breitet sich der Hunan-Fischgroßmarkt aus, wo an die tausend Händler an Ständen ihre Ware feilbieten. Angeboten werden neben allerlei Meerestieren auch Süßwasserfische und Reptilien. Im westlichen Teil des Marktes wirkt die Szenerie, die auf Bildern festgehalten wird, gleich einmal rauer. Dicht gedrängt stehen dort Käfige, in denen wilde Tiere gefangen sind. Was Kunden dort erwartet, ist fern von europäischen Vorstellungen. Neben Füchsen, Schlangen und etlichen Gürteltieren sind dort auch »Delikatessen« wie Wolfswelpen, Marderhunde und Fledermäuse zu

haben. (…) In diesem Umfeld, inmitten des Gestanks und Lärms, der Enge zwischen Tier und Mensch, passiert im Herbst 2019 etwas, das, auch wenn es pathetisch klingen mag, der Geschichte einen neuen Verlauf gibt.
AUS: *ADDENDUM* (HRSG. MICHAEL FLEISCHHACKER)

Anfang Dezember 2019 kommt es in der chinesischen Metropole Wuhan zu zahlreichen Fällen einer bis dahin unbekannten Krankheit, die vor allem die Lungen angreift. Ende Dezember wird ein neues Coronavirus als Ursache identifiziert. Die lokalen chinesischen Behörden vertuschen diese Erkenntnis. Die WHO, von China informiert und involviert, kommt um den Jahreswechsel zu dem Ergebnis, dass die rätselhafte Lungenkrankheit wenig besorgniserregend sei, weil es wohl nicht zu einer Mensch-zu-Mensch-Übertragung komme. Noch in der ersten Januarhälfte 2020 kommt es zu den ersten Covid-19-Todesfällen. Ende Januar lässt sich nicht mehr verheimlichen, dass es Mensch-zu-Mensch-Übertragungen in großer Zahl gibt, auch ein Teil des medizinischen Personals ist betroffen. Die chinesische Regierung reagiert nun mit drastischen Maßnahmen: Zunächst wird die Millionenstadt Wuhan abgeriegelt, dann über die gesamte Provinz Hubei mit der Einwohnerzahl Italiens ein Lockdown verhängt.

Auch in Europa werden nun erste Fälle registriert, aber in den EU-Gremien dominiert die Einschätzung, man habe alles unter Kontrolle. Im Februar bleibt es weiterhin bei der Einschätzung, das Ansteckungsrisiko sei gering, die notwendigen Vorbereitungen auf das großflächige Übergreifen der Pandemie nach Europa unterbleiben. Grenzkontrollen werden nicht erwogen, Reisebeschränkungen auch gegenüber China abgelehnt. Zunächst gelingt es in Deutschland noch, das Aufflammen der Pandemie lokal einzuschränken (der Fall Webasto), aber kurz darauf verlieren die Gesundheitsämter auch hier die Kontrolle über das Geschehen.

Italien leidet da schon massiv in zwei nördlichen Regionen (Lombardei und Emilia-Romagna) unter der neuartigen Krankheit. In Bergamo und Umgebung fällt ihr, wie die Einheimischen sagen, eine ganze Generation von Großeltern zum Opfer. Das örtliche Gesundheitssystem bricht zusammen, und es gelingt nicht, die Ressourcen des Landes insgesamt so zu mobilisieren, dass tragische Triage-Situationen ausbleiben. Zu den Fehleinschätzungen des Risikos zu Beginn der Pandemie (statt zeitlich und regional punktueller Risikoeinschätzungen hätte es diachrone und strukturelle geben müssen, also Einschätzungen, besser noch unterschiedliche Szenarien, zur weiteren zeitlichen und räumlichen Entwicklung des Pandemie-Geschehens) gesellt sich die ausbleibende europäische Solidarität[35] gegenüber dem zunächst am stärksten betroffenen Land Italien, und es zeigen sich massive organisatorische Defizite im Land. Auch die weitgehende Privatisierung und Ökonomisierung des Gesundheitswesens unter Lega-Regierungen im Norden macht sich als Krisentreiber zunehmend bemerkbar.

Am 8. März 2020 werden in Deutschland Großveranstaltungen angesichts der nun auch hierzulande rapide zunehmenden Verbreitung verboten, am 16. März folgen Schulschließungen, und am 22. März das, was man seitdem als »Lockdown« bezeichnet, also massive Kontakt- und Ausgangsbeschränkungen, die allerdings in Deutschland nicht so rigide sind wie in den Nachbarländern Österreich, Italien, Frankreich und Spanien. Die Zahl des Neuinfektionen pro Zeiteinheit geht im Laufe der zweiten Märzhälfte deutlich zurück, sodass die erwartete Überforderung der Intensivbettenkapazitäten und des Gesundheitssystems im Ganzen in Deutschland nicht eintritt.

Bis heute ist nicht abschließend geklärt, welche kausalen Wirkungen die staatlichen Maßnahmen hatten und welche anderen Faktoren eine Rolle spielten.[36] Aber selbst dann, wenn die staatlichen Maßnahmen de facto nicht erforderlich gewesen wären, um R unter 1 zu halten, würde daraus nicht folgen, dass die abgestimmte Entscheidung der Bundesländer zum Lockdown Anlass zu Kritik gebe. Sie wäre schon dann richtig gewesen, wenn sie aufgrund der zum damaligen Zeitpunkt vorliegenden Informationen gerechtfertigt war. Wenn eine genaue nachträgliche Analyse zeigen sollte, dass das Verbot von größeren Veranstaltungen die ausschlaggebende Maßnahme war, während die Schulschließungen und der allgemeine Lockdown mit seinen massiven wirtschaftlichen, sozialen und psychologischen Nebenfolgen vermeidbar gewesen wären, wüsste man es für die Zukunft einer ähnlichen pandemischen Bedrohung besser und würde dann auf einen allgemeinen Lockdown verzichten.

Die Kritik staatlichen Handelns muss an einer anderen Stelle einsetzen. Ausweislich des Pandemieplans des RKI aus dem Jahr 2012 und angesichts vorausgegangener Epidemien wie MERS, SARS, H1N1 oder Ebola war bekannt, dass es Pandemie-Risiken gab, und die Tatsache, dass die notwendigen Vorkehrungen nicht getroffen wurden, muss man als ein umfassendes Staatsversagen bezeichnen. Wie kann es sein, dass acht Jahre nach dem Vorliegen konkreter Handlungsempfehlungen vonseiten einer Bundesbehörde für Seuchenbekämpfung (darum handelt es sich beim RKI, nicht um ein wissenschaftliches Forschungsinstitut) die notwendigen Vorsorgen nirgendwo in Deutschland umgesetzt worden sind? Und wie kann es sein, dass drei Monate nach Ausbruch der Pandemie immer noch keine medizinische Schutzkleidung und Masken, Desinfektionsmittel, geschweige denn digitale Tools zum Tracking und Tracing, wie sie in Südkorea schon Wochen vor dem Ausbruch der Pandemie in Deutschland sehr erfolgreich eingesetzt wurden, zur Verfügung standen? Man kann es auch so formulieren: Die staatlichen Zwangsmaßnahmen waren nur deswegen gerechtfertigt, weil ihnen ein umfassendes Staatsversagen – langfristig über acht Jahre und kurzfristig über zwei Monate – vorausgegangen war.

Dies gilt auch für die europäische Ebene. Die Recherche-Plattform *Addendum* meldet für den 4. Februar 2020, dass die Mitgliedsstaaten ein Angebot der EU-Kommission, gemeinsam zusätzliches Material auf dem Weltmarkt zu besorgen, negativ beschieden und keine Notwendigkeit sahen, Corona-Testkits anzukaufen. Einen Monat später kommt es, zunächst in Italien, zu dramatischen Engpässen, Tausende aus dem medizinischen Personal infizieren sich und zwingen die Kliniken zu Quarantänen. Zahlreiche vermeidbare Todesfälle sind die Folge.[37]

Das zweite Versagen ist das weitgehende Fehlen klarer normativer Kriterien der Krisenbewältigung. Die spärlichen Auskünfte in der ersten Zeit der Krise ergeben folgendes Bild: Das RKI beriet die Bundesregierung folgendermaßen:

1. Die Pandemie in Deutschland – ausgebrochen an mehreren Stellen, wie man unterdessen weiß, überwiegend durch Rückkehrer aus Ischgl, aber auch angesichts offener Grenzen – könne nicht mehr eingedämmt werden. Eindämmung (Containment) heißt, dass bei einem Ausbruch jeweils lokal alle Infizierten identifiziert und isoliert werden, sodass weitere Ansteckungen effektiv unterbunden werden. Dies war beim ersten Ausbruch bei Webasto durch eine chinesische Geschäftsfrau noch weitgehend gelungen.

2. Es gehe nun darum, in den folgenden Monaten den Anstieg der Neuinfektionen so weit zu begrenzen, dass das Gesundheitssystem nicht überlastet werde und damit eine menschenwürdige Behandlung der Schwerkranken unmöglich werde. »Flattening the Curve« war das Schlagwort dazu.

3. Die Letalität von Covid-19, also der Prozentsatz der Personen, die durch eine Infektion mit Covid-19 zu Tode kommen, liege bei mindestens 1 Prozent, sei also etwa zehnmal so hoch wie bei einer saisonalen Influenza-Epidemie.

4. Die Pandemie komme erst dann in Deutschland zum Erlie-

gen, wenn sich 60 bis 70 Prozent der Bevölkerung infiziert hätten.

5. Die Entwicklung eines Impfstoffs werde mindestens 18 Monate dauern, wenn es überhaupt dazu kommen werde.

Die Bundesregierung und die Ministerpräsidenten der Länder rechtfertigten ihre Maßnahmen mit der Zielsetzung, das Gesundheitssystem im Laufe der Entwicklung der Pandemie in Deutschland nicht zu überfordern. Während Boris Johnson in Großbritannien aufgrund einer Studie des Imperial College zu einem Strategiewechsel gezwungen wurde, für den vermutlich auch seine eigene Infektion eine Rolle spielte, wurde merkwürdigerweise in Deutschland nicht diskutiert, welche Folgen die eingeschlagene Strategie haben würde. Für Großbritannien hatte das Imperial College eine Todeszahl von mindestens 250 000 Personen errechnet, was in der britischen Öffentlichkeit als so inakzeptabel bewertet wurde, dass die Regierung umgehend drastische Ausgangs- und Kontaktbeschränkungen verhängte. Dass die vom RKI empfohlene Strategie in Deutschland mindestens 400 000 Todesopfer zur Folge gehabt hätte, spielte merkwürdigerweise in der öffentlichen Debatte keine Rolle.

Einige Zeit später wurde jedoch stillschweigend ein Strategiewechsel vollzogen, und die Kanzlerin erklärte als neues Ziel der Maßnahmen nicht mehr »Flattening the Curve«, sondern Verlängerung des Verdoppelungszeitraums der Zahl der Infizierten. In der öffentlichen Debatte wurde meist nicht deutlich unterschieden zwischen der Zahl der insgesamt Infizierten (das ist hier gemeint) und der Zahl der Neuinfizierten und daher zu einem bestimmten Zeitpunkt Infektiösen. Die Zahl der insgesamt im Laufe der Epidemie Infizierten ist für das Risiko, sich zu infizieren, irrelevant. Vielmehr wächst mit der Zahl der Infizierten auch die Anzahl von Personen, die ganz oder weitgehend, zumindest für einen gewissen Zeitraum, immun gegenüber einer neuen Infektion sind. Das

Risiko, sich zu infizieren, hängt von der Wahrscheinlichkeit ab, einer infektiösen Person zu begegnen, und hier ist der Prozentsatz der infektiösen Personen, die von ihrer Infektion nichts wissen oder die sich trotz ihrer Infektion nicht in Quarantäne begeben, mit ausschlaggebend. Wenn es allerdings effektive Möglichkeiten gibt, sich vor einer Infektion zu schützen, etwa durch Schutzkleidung oder Masken, wird dieser Kausalzusammenhang unterbrochen.

Die Bundeskanzlerin erklärte am 15. April, es sei nun das Ziel, den Verdoppelungszeitraum, der zuvor bei drei Tagen gelegen hatte, auf zehn Tage zu erhöhen. Nachdem dieses Ziel sehr rasch erreicht war, wurde als neues Ziel die Verdoppelung auf 14 Tage angegeben. Auch dieses Ziel war bald erreicht, der Verdoppelungszeitraum stieg auf über 20 Tage, worauf erneut eine Zieländerung erfolgte, nämlich den Reproduktionsfaktor R auf unter 1 zu drücken. Dies allerdings war schon vor Beginn des Lockdowns erreicht, jedenfalls wenn man den Angaben des RKI folgt.

Versuchen wir es an dieser Stelle mit einer rationalen Beurteilung. Beginnen wir mit der Frage: Ist es vernünftig, die staatlichen Maßnahmen an R < 1 zu orientieren? Die Antwort lautet klarerweise: nein. Einmal deswegen, weil auch bei R = 1 eine dauerhafte Überforderung des Gesundheitssystems die Folge sein kann. R = 1 heißt ja nur, dass die Zahl der zu einem Zeitpunkt infizierten Personen konstant bleibt. Konstanz impliziert aber nicht, dass die Gesundheitsfolgen akzeptabel sind. Ob die Gesundheitsfolgen akzeptabel sind, hängt nicht lediglich von den Kapazitäten des Gesundheitssystems ab, sondern von der Anzahl der schweren Erkrankungen, der Spätfolgen von Erkrankungen und der Todesfälle. Wenn andererseits eine Infektionskrankheit nur kleine Teile der Bevölkerung erfasst hat, sie für die allermeisten nur harmlose bis erträgliche Gesundheitsfolgen zeitigt und diejenigen, für die gravierende gesundheitliche Folgen zu erwarten sind, sich effektiv schützen können, dann ließen sich freiheitseinschränkende Maßnahmen, um R unter 1 zu halten, nicht rechtfertigen. Viel spricht dafür, dass diese Bedingungen im Falle von Covid-19 zu Beginn der Pandemie nicht erfüllt waren, dass sie aber erfüllbar gewesen wären. Die bisherigen Erfahrungen mit Covid-19 zeigen, dass die Infektion bei einem hohen Prozentsatz (zwischen 50 und 80 Prozent) harmloser verläuft als eine Influenza, dass sie allerdings für einen kleinen Prozentsatz von Personen ein hohes Risiko darstellt und hier wiederum die allermeisten dieser gefährdeten Personen durch spezifische, gravierende Vorerkrankungen identifizierbar sind. Es gibt allerdings Einzelfälle und kleine Gruppen von Erkrankten, die diesem Schema nicht entsprechen, und die Forschungen werden vermutlich im Laufe der Zeit die hier wirksamen Kausalbeziehungen eruieren.

Die Orientierung an einem Verdoppelungszeitraum ist auf keinen Fall sinnvoll, weil sich bei jedem beliebigen Verdoppelungszeitraum der Zeitpunkt bestimmen lässt, ab dem es zu einer Überforderung des Gesundheitssystems durch Covid-19 kommt. Adriano Mannino und Nikil Mukerji haben errechnet, dass bei einem Start mit 196 Personen und einer Verdoppelung in jeweils 2,5 Tagen nach zwei Monaten die gesamte Weltbevölkerung durchseucht wäre.[38] Aber auch wenn der Verdoppelungszeitraum auf 10 oder 14 Tage verlängert würde, stiege die Durchseuchung über alle Grenzen und beträfe am Ende rein rechnerisch alle Weltregionen zu 100 Prozent.

Die »Flattening the Curve«-Strategie ihrerseits ist inakzeptabel, weil auch sie eine untragbar hohe Zahl von Todesfällen zur Folge hätte – nur eben über einen langen Zeitraum gestreckt.

Ganz offenkundig ist, dass eine Strategie, die in Deutschland von staatlicher Seite nicht erwogen wurde, nicht infrage kommt, nämlich ein Laisser-faire, das heißt die Pandemie ohne Restriktionen laufen zu lassen, um eine rasche Immunisierung der Bevölkerung zu erreichen. Diese Strategie, die durchaus auch in der Fachwelt, besonders unter Epidemiologen, Befürworter hatte und hat, führt – wenn man die Erfahrungen aus der Lombardei, aus New York oder Brasilien zugrunde legt – zu inakzeptablen gesundheitlichen Folgen in der Gesamtbevölkerung, jedenfalls in den Ländern des industrialisierten Nordens mit einem großen Anteil älterer Menschen. In Afrika sind 41 Prozent der Bewohner unter 15 Jahre alt und nur 3 Prozent über 64 Jahre; in Europa sind dagegen 16 Prozent unter 15 Jahre alt und 18 Prozent über 64 (siehe Anhang »Zahlen und Fakten«, Abb. 7).

Die Untersuchung der Todesfälle mit Covid-19 in Italien hat ergeben, das weniger als 1 Prozent unter 50 Jahre und bei den Frauen 98 Prozent, bei den Männern 96 Prozent der Verstorbenen über 70 Jahre alt waren, mit einem Durchschnittsalter von knapp über 80 Jahren. Dieses Muster gilt auch für Frankreich, Spanien, Großbritannien und Deutschland. In afrikanischen Ländern verschiebt sich die Risikoeinschätzung massiv, weil dort die Letalität von Covid-19 aufgrund der anderen Demografie sehr viel niedriger sein müsste (hier sei einmal die lebensrettende Funktion von Intensivstationen außer Betracht gelassen), vor allem aber, weil die Nebenfolgen der Krisenbekämpfung in vulnerablen sozialen Systemen selbst wiederum mit einem Anstieg an Todesfällen aufgrund von Unterernährung und mangelnder Bekämpfung anderer Infektionskrankheiten sowie Armut einhergehen. Auch in den industrialisierten Ländern sind allerdings zahlreiche Todesfälle als Folge nicht intendierter Nebenwirkungen der Krisenbekämpfung zu erwarten: So haben sich zum Beispiel die Krebsvorsorgeuntersuchungen während der Corona-Pandemie verringert. Entweder weil Ärzte diese verschoben oder weil die Patienten – aus Sorge, sich in Krankenhäusern oder Praxen anzustecken – selbst die Termine absagten. So kamen Wissenschaftler aufgrund einer Meta-Analyse zu dem Schluss, dass bereits die vierwöchige Verschiebung einer Operation das Todesrisiko – je nach Krebsart – um sechs bis dreizehn Prozent erhöht.[39]

In der internationalen Diskussion hat eine Strategie eine zentrale Rolle gespielt, die nicht von Experten aus der Epidemiologie, Virologie oder Risikoforschung stammt, sondern von einem Silicon-Valley-Berater, dem Datenanalysten Tomás Pueyo, der in einem locker geschriebenen Paper am 10. März 2020 in *Medium* (einer Fachzeitschrift für Journalisten, keiner wissenschaftlichen Publikation) die »The Hammer and the Dance«-Strategie beschrieb. Der zufolge müsste man zu Beginn einer Epidemie mit dem »Hammer«, das heißt mit drastischen Maßnahmen wie Ausgangsbeschränkungen, Kontaktbeschränkungen, Quarantäne etc., das Ausbreitungsgeschehen so weit unter Kontrolle bringen, dass man dann zur »Dance«-Phase übergehen könnte – also die Maßnahmen lockern, was wieder zu einer verstärkten Ausbreitung führte, und die Maßnahmen wieder verschärfen, sobald bestimmte Schwellen überschritten wären.

Die große Zustimmung, die dieser Strategievorschlag weltweit gefunden hat, besonders bei digital-affinen Jüngeren, gibt Anlass, an der politischen Urteilskraft in Politik und Gesellschaft zu zweifeln: Den Befürwortern ist offenbar nicht klar, dass eines jedenfalls völlig ausgeschlossen ist, nämlich dass wir Menschen über einige Wochen hinweg einem massiven psychischen Stress aussetzen, ihre Arbeitsplätze gefährden oder vernichten, Unternehmensexistenzen aufs Spiel setzen, eine Rezession herbeizwingen, internationale Lieferketten unterbrechen, Hungersnöte im globalen Süden riskieren etc., um dann nach einer Phase der Lockerung und der schrittweisen Erholung der Weltwirtschaft, der Revitalisierung des sozialen Zusammenlebens, der Wiederaufnahme des Bildungswesens einen erneuten Lockdown zu verhängen. Keine Gesellschaft der Welt würde es aushalten, die Schulen schrittweise wieder zu öffnen, um sie dann einige Wochen später wieder zu schließen, die Arbeitslosen zurück in die Erwerbstätigkeit zu holen, um sie dann wieder in die Arbeitslosigkeit zu entlassen, Unternehmen mit Milliarden aus der Existenzkrise zu holen, um sie dann wieder in die Existenzkrise zu stürzen.

Nach Wochen der Strategiewechsel, der Kommunikationsverweigerung und der zunehmenden Polemik im Umgang mit unterschiedlichen Einschätzungen kombinierten zwei Institute ihre jeweiligen Kompetenzen, das Helmholtz-Zentrum für Infektionsforschung (HZI) und das Münchner ifo Institut für Wirtschaftsforschung. Das Ergebnis war die bis dato vernünftigste Stellungnahme in Deutschland, nämlich der Vorschlag, sich nicht an Verdoppelungszeiten oder an der Infektionsrate zu orientieren, sondern an der relativen Zahl der Neuinfektionen pro 100 000 Einwohnern. Dies ist insofern ein vernünftiger Ansatz, als er auf eine absolute Größe setzt, die, bei allen Ausstattungsschwankungen zwischen den Landkreisen, in etwa mit der Kapazität des Gesundheitssystems korreliert. Es ist eine Größe, an der sich alle orientieren können und die regional differenziertes Handeln erlaubt, zumindest wenn, wie geschehen, die Handlungskompetenz in den Ländern an die Landkreise und kreisfreien Städte delegiert wird.

Dennoch war auch diese Strategieempfehlung aus zwei Gründen irrational. Erstens, weil wir die Zahl der Neuinfizierten nicht kannten. Wir kannten nur die Zahl der *registrierten* infizierten Personen, und das ist etwas ganz anderes. Fachleute schätzten die Dunkelziffer auf 200 bis 900 Prozent, das heißt, die Zahl der tatsächlich Infizierten läge drei- bis zehnmal so hoch. Hier wurde regelmäßig verharmlosend von »Dunkelziffer« gesprochen, und die Leserinnen und Leser nehmen dann an, dass ein kleiner zusätzlicher Teil nicht erfasst wurde. Es ist aber genau umgekehrt, nur ein Bruchteil der tatsächlich Infizierten wird erfasst. Das Bild des Eisbergs ist passender: Wir sehen nur die Spitze des Eisbergs, also jene, die symptomatisch sind und weitere Bedingungen erfüllen, zum Beispiel mit einem nachweislich Infizierten in Kontakt waren. Die Gesundheitsämter in Deutschland hatten noch bis

Ende Mai, also über zwei Monate nach Ausbruch der Pandemie in Deutschland, Testungen nur für diejenigen vorgesehen, die Symptome aufwiesen und zusätzlich aus einem Hochrisikogebiet kamen oder mit einer nachweislich infizierten Person Kontakt hatten. Diese Praxis wurde zur gleichen Zeit verfolgt, zu der immer wieder, auch vom RKI und den Gesundheitsämtern, davor gewarnt wurde, dass symptomfreie Menschen infektiös seien.

Besonders skandalös dabei ist, dass diese Praxis auf das Betreuungspersonal in Alten- und Pflegeheimen angewendet wurde, sodass es, wie nicht anders zu erwarten, auch dort bei Menschen, die sich selbst nicht schützen können, zu Covid-19-Infektionswellen kam, die vermutlich für den dramatischen Anstieg der Letalität von Covid-19 in Deutschland und Europa ganz überwiegend verantwortlich waren.[40] Während die niedrigen Letalitätszahlen in Deutschland zu Beginn mit dem triumphierenden Unterton, dass diese so weit niedriger lägen als zum Beispiel in Italien, verkündet wurden, verzichteten die Medien im weiteren Verlauf der Pandemie darauf, den jeweiligen Stand der Letalität anzugeben, sodass von der breiteren Öffentlichkeit unbemerkt blieb, dass diese sich auch in Deutschland innerhalb weniger Wochen verzehnfachte. Es ist also auch hierzulande geschehen, was die Covid-19-Tragödie in der Lombardei, in Paris, in New York und an vielen anderen Orten der Welt ausmachte, nämlich der Ausgriff der Pandemie auf die vulnerabelsten Gruppen der Bevölkerung. Intensives Testen des medizinischen und Pflegepersonals und jedes Neuzugangs hätte diese Tragödie verhindern können.

Die Orientierung der Krisenbewältigungsstrategie an einem Indikator, den wir nicht einmal annäherungsweise kennen, ist bei allen Meriten der mathematischen Modellierung ein Unding. Sie hat die merkwürdige Konsequenz, dass selbst dann, wenn sich niemand zusätzlich anstecken würde, allein die Zahl der Testungen über den Einsatz oder das Unterlassen staatlicher Maßnahmen entscheidet. Zu Recht wurde dabei befürchtet, dass Landkreise sich bei dieser Strategieempfehlung bei den Testungsaktivitäten zurückhalten würden. Man kann dies auch umgekehrt betrachten: Es ist wünschenswert, ein genaues Bild von der pandemischen Situation zu erhalten. Dafür ist es erforderlich, zumindest prozentual, besser noch individuell, das Infektionsgeschehen einschätzen zu können. Wenn aber die tatsächlich Infizierten zehnmal häufiger sind als die Registrierten, dann wäre die Strategieempfehlung um den Faktor 10 verfehlt, sie müsste auf 1/10 reduziert werden, da die Letalität von Covid-19 um den Faktor 10 geringer wäre.

Diese Überlegungen zeigen aber noch einen anderen, weit tiefer gehenden Defekt solcher Modellierungen, in diesem Fall sind es sogar zwei: die Identifikation der Zahl der registrierten Infizierten mit der Zahl der tatsächlich Infizierten und die implizite Annahme einer konstanten Morbidität und Letalität von Covid-19, das heißt die Annahme eines festen Prozentsatzes von Personen, die, wenn sie infiziert sind, erkranken beziehungsweise sterben. Genauer gesagt: Relevant ist die Zahl derjenigen, die schwer erkranken beziehungsweise sogar sterben, und derjenigen, die auf ein Intensivbett angewiesen sind. Da es sich im öffentlichen Diskurs eingebürgert hat, Infizierte mit Erkrankten gleichzusetzen, nehmen wir folgende terminologische Differenzierung vor: Infizierte Symptomfreie gelten nicht als erkrankt; erst wenn Symptome auftreten, sprechen wir von einer Erkrankung und charakterisieren diese terminologisch in Relation zu den insgesamt Infizierten als Morbidität (kurz: Wie viele der Infizierten erkranken beziehungsweise zeigen Symptome?). Davon zu unterscheiden sind diejenigen, die so schwer erkranken, dass sie stationär in einer Klinik behandelt werden müssen (Morbidität*), und diejenigen, die im Verlaufe der Erkrankung auf ein Intensivbett angewiesen sind (Morbidität**).

Es kann aufgrund der vorliegenden statistischen Daten gar

kein Zweifel daran bestehen, dass das Risiko einer schweren Erkrankung oder sogar des Todes bei einer Covid-19-Infektion von Person zu Person stark variiert. Nach einer italienischen Untersuchung hatten lediglich 0,8 Prozent der mit Covid-19 Verstorbenen *keine* gravierenden Vor- oder Grunderkrankungen wie akuten Krebs, chronische Lungeninsuffizienz, Diabetes mellitus, vorausgegangenen Herzinfarkt oder Hirnschlag. Da sowohl Hochbetagte als auch Menschen mit solchen Grunderkrankungen einen Großteil der Insassen von Alten- und Pflegeheimen sowie von Klinikstationen ausmachen, würde der effektive Schutz dieser Einrichtungen vor Infektion einen Großteil der Todesfälle, aber auch der schweren Erkrankungen mit Covid-19 verhindern. Wenn zudem allein lebende Hochbetagte oder gesundheitlich Belastete so weit von den Kommunen versorgt würden, dass sie sich selbst keinem Risiko einer Infektion aussetzen müssten, würde die Letalität auf einen Bruchteil absinken, im Idealfall auf unter 1 Prozent der aktuellen Letalität. Daher ist die zweite Invarianz-Annahme dieser Modellierung schlicht abwegig und setzt die falschen Anreize. Es kann bei einer Pandemie diesen Ausmaßes nicht darum gehen, durch allgemeine Maßnahmen, die alle gleichermaßen betreffen, auf höchst indirektem Wege das Infektionsrisiko der vulnerablen Gruppen abzusenken, sondern es muss darum gehen, Morbidität*, Morbidität** und Letalität einer Pandemie auf ein erträgliches Maß zu reduzieren, und das kann ohne gravierende ökonomische, soziale und kulturelle Kollateralschäden nur durch spezifische Maßnahmen erfolgen.

Keine der hier genannten Strategien kann also überzeugen, aber ihre offenkundigen Defizite verweisen auf eine Alternative, die im folgenden Kapitel erläutert wird. Hier halten wir als Zwischenergebnis fest: Um in einer Krisensituation mit Gefahren vernünftig umzugehen, bedarf es nicht nur einer differenzierten Klärung der Faktenlage (im Fall von Covid-19 die tatsächliche Morbidität*, Morbidität** und Letalität), sondern auch wohlbegründeter normativer Kriterien, die sich an empirisch überprüfbaren Indikatoren orientieren und auf einer nachvollziehbaren Werteorientierung beruhen. Nur dann kann es gelingen, auch die öffentliche Diskussion rational und inklusiv zu gestalten.

12 DIE ALTERNATIVE: CONTAINMENT UND RISIKOSTRATIFIKATION

Das Wichtigste ist die Gesundheit. Danach kommen soziale Sicherheit und Arbeitsplätze.

HUBERTUS HEIL,
BUNDESMINISTER FÜR ARBEIT UND SOZIALES

***

Der Grund meiner Besorgnis liegt vor allem in den wirklich unabsehbaren sozioökonomischen Folgen der drastischen Eindämmungsmaßnahmen, die derzeit in weiten Teilen Europas Anwendung finden und auch in Deutschland bereits in großem Maße praktiziert werden.

PROF. EM. DR. MED. SUCHARIT BHAKDI,
INFEKTIONSEPIDEMIOLOGE

***

The current coronavirus disease, Covid-19, has been called a once-in-a-century pandemic. But it may also be a once-in-a-century evidence fiasco.

PROF. JOHN IOANNIDIS,
GESUNDHEITSWISSENSCHAFTLER

Diese drei Äußerungen sprechen für eine tiefe Aporie, in die die Covid-19-Pandemie weite Teile des öffentlichen Diskurses gestürzt hat: Der Sozialpolitiker gibt dem Gesundheitsschutz absoluten Vorrang gegenüber sozialen und ökonomischen Aspekten der Krise; der Infektionsepidemiologe dagegen sorgt sich nicht so sehr um die gesundheitlichen, sondern mehr um die ökonomischen und sozialen Begleiterscheinungen der Krisenbekämpfung; der Gesundheitswissenschaftler dagegen sieht die Grundlagen jeder wissenschaftlichen Beurteilung in Gefahr *(evidence fiasco)*.

Unter einer Aporie versteht man – wie wir in Kapitel 6 gesehen haben – eine tiefe, nicht behebbare Ratlosigkeit. Die Frühdialoge Platons gelten in folgendem Sinne als aporetisch: Sie setzen sich mit den Meinungen der Menschen zu zentralen Tugenden auseinander, um am Ende jede dieser Meinungen zu widerlegen, ohne eine konstruktive Lösung präsentieren zu können. Aporien laufen Gefahr, in einer umfassenden Skepsis oder im Nihilismus zu enden. Nichts wird mehr geglaubt, alles gleichermaßen bezweifelt, allgemeines Misstrauen greift um sich und zerstört lebensweltliche Gewissheiten. Vormalige Instanzen der Gewissheit, geistliche und weltliche Autoritäten, heilige Schriften, aber auch wissenschaftliche Befunde werden simultan infrage gestellt, und das Ergebnis ist eine um sich greifende Beliebigkeit des Urteils.

Der Kynismus war eine Reaktion auf sokratische Aporetik: Wenn man alles bezweifeln kann, bleiben lediglich die alltäglichen Bedürfnisse und der Spott gegenüber allen Wissens- und Autoritätsansprüchen. Die Reaktion Platons war dem entgegengesetzt, nun sollte ein wissenschaftlich und philosophisch fundiertes Urteil an die Stelle ungeklärter, bloßer Meinung treten, der Übergang von *doxa* (dem Fürwahrhalten) zu *episteme* (der Erkenntnis, dem Wissen) sollte dem Staat beziehungsweise der Stadtgesellschaft wieder Orientierung geben.

Die kynische Reaktion äußert sich auf sogenannten »Hygiene«-Demonstrationen; die platonische im ungebrochenen Vertrauen vieler auf Drosten, Merkel und das RKI. Die einen misstrauen zunehmend der Wissenschaft, der medizinischen Praxis, den Institutionen und der Politik, die anderen verzichten auf das kritische eigene Urteil, um verbliebene Gewissheiten nicht zu gefährden. Die einen neigen zum Selbstdenken »ohne Geländer«, für das alles Unerhörte erlaubt zu sein scheint, sie echauffieren sich über dieses und jenes, vermuten böse Absichten, wo es sich allenfalls um Irrtümer handelt, stellen kühne Thesen auf, die miteinander unvereinbar sind. Die anderen neigen zum *sacrificium intellectus*, gehen vorsichtshalber davon aus, dass schon alles seine Richtigkeit hat, dass die Experten schon wissen werden, was richtig und falsch ist, selbst dann, wenn unter diesen ein hohes Maß an Uneinigkeit besteht, um sich zu beruhigen. Die zentrale bürgerschaftliche Tugend politischer Urteilskraft in der Demokratie wird in beiden Fällen zu Grabe getragen. Versuchen wir, dem in diesem Kapitel einige Fragen und Überlegungen entgegenzustellen. Selbstdenken, so könnte man sagen, aber mit Geländer, Deliberation statt Apodiktik, Kritik statt Apologetik.

Gab es zur Covid-19-Krisenbewältigung im nationalen und globalen Maßstab eine Alternative? Zunächst einmal kann keine Rede davon sein, dass weltweit die gleiche Strategie verfolgt worden wäre. Die ostasiatischen Staaten China, Südkorea, Taiwan, Japan verfolgten eine deutlich andere Strategie als die europäischen Länder. Um es plakativ zu fassen: Die europäischen Länder verfolgten über mehrere Monate eine Delay-Strategie, Verzögerung des Anstiegs der Infiziertenzahlen, während die ostasiatischen Staaten eine Containment-Strategie verfolgten, die darauf gerichtet war, die weitere Ausbreitung der Infektion mit teilweise drastischen Maßnahmen zu unterbinden. Zumindest in den ersten Wochen und weiter anhaltend in Debattenbeiträgen unter Experten und Laien hielt sich zudem eine dritte strategische Option, die wir als Laisser-faire charakterisieren können: die Pandemie ähnlich wie saisonale Influenza-Pandemien behandeln, keine Testungen durchführen, lediglich die Empfehlung für Vulnerable und Ältere ausgeben, eine Infektion möglichst zu vermeiden, und ansonsten keine einschränkenden Maßnahmen ergreifen.

Der internationale Vergleich zeigt keine eindeutigen Ergebnisse, aber doch einen Trend: Ostasiatischen Ländern, darunter auch Demokratien wie Taiwan und Südkorea, ist die Krisenbewältigung besser gelungen als europäischen oder amerikanischen.[41] Ostasiatische Länder setzten von Anbeginn auf die Schutzwirkung von Masken, nutzten Tracing- und Tracking-Apps, setzten aber auch im Einzelfall auf Isolation und Quarantänen. Südkorea war in der Pandemie-Bekämpfung besonders erfolgreich, trotz der Nähe zu China, einer dichten globalen Vernetzung und eines hohen Mobilitätsniveaus. Das Land kam ohne einen generellen Lockdown und ohne allgemeine Ausgangs- und Kontaktbeschränkungen aus. Es setzte auf intensives Testen, Containment und Screening auch mithilfe einer hocheffektiven Tracking-App.[42] Für den Erfolg spielte offenbar das hohe Maß der Digitalisierung der ökonomischen und sozialen Praxis eine Rolle, das den effektiven Einsatz digitaler Tools zum Tracking und Tracing innerhalb kürzester Frist ermöglichte, sowie die Kooperationsbereitschaft und Disziplin der Bevölkerung, die sich im massiven Einsatz von freiwilligen Helfern und Helferinnen zeigte. Zudem hatte Südkorea aus der MERS-Epidemie 2015/16 gelernt und sein Gesundheitssystem auf Situationen dieser Art vorbereitet. Auch Taiwan, als ein weiterer Staat, der enge Wirtschaftsbeziehungen zur Volksrepublik China unterhält und daher frühzeitig von der Pandemie betroffen war, brachte die Ausbreitung der Pandemie im eigenen Land rasch unter Kontrolle. Weit weniger erfolgreich wurde diese Strategie des Containments zunächst in Japan umgesetzt, allerdings war dann doch ein positiver Trend zu verzeichnen – und das, obwohl kein Lockdown, keine App und kein generelles Social Distancing vorgeschrieben wurden. Stattdessen arbeiteten die 40 000 Mitarbeiter lokaler Gesundheitszentren daran, die Infizierten und ihre Kontaktpersonen zu lokalisieren.

Die insgesamt gute Entwicklung in Deutschland zeigt sich zweifellos im Vergleich zu europäischen Nachbarländern wie Großbritannien, Frankreich, Spanien und Italien. Im Vergleich zu Südkorea oder Taiwan war die deutsche Krisenbewältigungsstrategie allenfalls mäßig erfolgreich.

Wenn die Risikoeinschätzungen so dramatisch ausfallen wie in den Monaten der pandemischen Ausbreitung – anders als die ersten Einschätzungen Anfang 2020 durch WHO, RKI, Drosten und staatliche Instanzen in Deutschland und Europa –, dann sind massive Interventionen zu Beginn des Ausbreitungsgeschehens gerechtfertigt, um die Infektionen lokal zu begrenzen und im Idealfall jede einzelne Infektion zurückverfolgen zu können. Aus risikoethischer Perspektive war es bei dieser Strategie abwegig, die Risikolage zum jeweiligen Zeitpunkt als Maßstab zu nehmen, wie es zu Beginn nicht nur die WHO und das RKI, sondern über einen viel zu langen Zeitraum auch das European Centre for Disease Prevention and Control (ECDC) praktiziert haben: »Auch als in Italien bereits Menschen sterben und die Lombardei erste Virusherde komplett abriegelt, bleibt das ECDC bei seiner Risikoeinschätzung von ›gering bis moderat‹ für den Rest der EU.«[43] Vielmehr muss es darum gehen, bei noch minimalem Risiko, sich zu infizieren, mit drastischen Maßnahmen (zum Beispiel Schließung jeder Schule, Schließung ganzer Firmengebäude, in denen ein einziger Fall aufgetreten ist, kontrollierte Quarantäne, Maßnahmen für Kontaktpersonen von Infizierten etc.) einzugreifen, um den Eintritt in die exponentielle und dann kaum noch zu kontrollierende Phase zu verhindern, also die weitere Ausbreitung im Keim zu ersticken. Eine solche Strategie der punktuellen, effektiven Intervention macht dann im weiteren Verlauf allgemeine Maßnahmen, die alle gleichermaßen betreffen, weil man nicht mehr beurteilen kann, wo welche Infektionsketten in Gang kommen, überflüssig und vermeidet ökonomische, soziale und kulturelle Kollateralschäden in größerem Umfang.

Der Einwand, dass auch Länder, die dabei erfolgreich waren, starke Rückgänge der ökonomischen Aktivitäten in Kauf nehmen mussten, beruht auf einem Denkfehler: Angesichts des hohen Verflechtungsgrades der globalen Ökonomie, jedenfalls der hoch entwickelten und der Schwellenländer (während der gesamte Kontinent Afrika nur zu 2 Prozent am Welthandel beteiligt ist), führen Kollateralschäden der Krisenbewältigung auf vielen Märkten dazu, dass alle verflochtenen Märkte in Mitleidenschaft gezogen werden. Daraus zu folgern, dass eine allgemeine Praxis des effektiven Containments ebenfalls mit diesen Kollateralschäden konfrontiert gewesen wäre, ist selbstverständlich ein Irrtum. Effektives und frühzeitiges Containment hätte den Einbruch der Weltwirtschaft verhindert und die Krise verkürzt.[44]

Aus ostasiatischer Sicht ist die Selbstgefälligkeit Europas nicht mehr nachzuvollziehen. Die immer noch, zumindest insgeheim, bewunderte europäische Kultur und Zivilisation scheint aus der Ferne angesichts dieser Herausforderung kollektiv zu versagen.[45] Erst recht gilt dies für den Blick auf die USA. Aber was ist zu tun, wenn die Maßnahmen des Containments scheitern, wie es in Deutschland wohl vor allem als Folge der Rückkehr von Superspreadern aus Tirol und Südtirol nach der Karnevalswoche und durch Hotspots wie in Heinsberg geschehen ist? Man kann nur spekulieren, aber vermutlich hatte die niedrige Letalität zu Beginn der Pandemie in Deutschland eine Ursache darin, dass der Großteil der Infizierten zu den jüngeren bis mittleren Jahrgängen gehörte (80- und 90-Jährige mit Vorerkrankungen fahren nur selten in Ischgl Ski) und die besonders vulnerablen Gruppen sich angesichts der schrecklichen Bilder aus Bergamo und Umgebung, soweit sie konnten, in Sicherheit brachten, das heißt den Kontakt zu ihren Kindern und Enkeln schon vor den staatlichen Maßnahmen einschränkten.

In diesem Zusammenhang ist ein Blick auf ein unbeabsichtigtes französisches Großexperiment aufschlussreich. Am 8. April 2020 meldete das französische Verteidigungsministerium, dass an Bord des atomar bewaffneten Flugzeugträgers *Charles de Gaulle* – eine wesentliche Säule der *Force de Frappe* – eine Infektionswelle mit Covid-19 an Bord um sich griff.[46] Offenbar hatten sich einige Marinesoldaten auf Landgängen infiziert, und dies führte zu einer raschen Ausbreitung, sodass schon kurz darauf knapp die Hälfte der gesamten Besatzung infiziert war (1081 der insgesamt 2400 Besatzungsmitglieder). 545 von ihnen hatten Symptome, 24 Soldaten mussten in die Klinik, ein Soldat musste künstlich beatmet werden, die anderen nicht. Es kam zu keinem einzigen Todesfall.

Nun bilden natürlich Marinesoldaten, Offiziere und Besatzung eines Flugzeugträgers, kein repräsentatives *Sample* der Gesamtbevölkerung. Personen über 60, die in der Gesamtbevölkerung 30 Prozent ausmachen, wird es nur selten auf Flugzeugträgern geben, Kinder und Jugendliche allerdings ebenfalls nicht, das heißt, es handelt sich um eine starke Konzentration auf die mittleren Altersgruppen mit einer Verschiebung zugunsten körperlich aktiver und belastbarer Personen. Die Letalität von Covid-19 scheint in einer solchen Population unter der einer Influenza-Infektion in der Gesamtbevölkerung zu liegen, wie auch andere Befunde nahelegen, zum Beispiel der des Rechtsmediziners Klaus Püschel, der aufgrund seiner Obduktionen von Covid-19 Patienten zu dieser Einschätzung kam. Die niedrige Letalität in Deutschland zu Beginn der Pandemie hat wohl dieselbe Erklärung. Wenn man zudem die Obduktionsberichte hinzuzieht, spricht alles für die Annahme, dass die Letalität von Covid-19 in der jüngeren und mittleren, gesunden Bevölkerung deutlich unter der Letalität einer Influenza in der Gesamtbevölkerung liegt.

Tatsächlich sterben an der Grippe auch Jüngere, sogar Kinder, und das Infektionsgeschehen wird ganz wesentlich von den jüngeren Jahrgängen geprägt. Dies war auch ein Grund für die frühzeitige Schließung von Kindergärten, Krippen und Schulen, auch in anderen europäischen Ländern, was sich im Rückblick angesichts der Spezifika von Covid-19 als durchaus fraglich herausgestellt hat.[47]

Die Daten sprechen angesichts der starken Konzentration der Gesundheitsrisiken von Covid-19 für die Vermutung, dass die Morbidität*, Morbidität** und Letalität von Covid-19 in der jüngeren und gesunden Bevölkerung unter der einer stärkeren Influenza liegt (Vergleich 1). In jedem Fall aber zeigen die vorliegenden pathologischen Untersuchungen der Covid-19-Toten in mehreren europäischen Ländern, dass die Letalität von Covid-19 in der jüngeren und gesunden Bevölkerung weit unter der einer Influenza in der Gesamtbevölkerung liegt (Vergleich 2). Wir vergleichen hier die Letalität von Covid-19 in der Population der Jüngeren und Gesunden, zum Beispiel der Personen ohne gravierende Grund- und Vorerkrankungen, die zugleich unter 50 (alternativ unter 60 oder 70) Jahre alt sind, mit der Letalität einer Influenza-Epidemie in der Gesamtbevölkerung, die erfahrungsgemäß bei 0,1 bis maximal 0,3 Prozent liegt. Risikoethisch betrachtet nehmen wir in Vergleich 1 den Umgang der Bevölkerung und des Staates mit einer Influenza-Epidemie in der jüngeren und gesunden Bevölkerung als Maßstab für den Umgang mit Covid-19 in derselben Bevölkerungsgruppe. In Vergleich 2 nehmen wir das Risikoverhalten der Gesamtbevölkerung und des Staates im Falle einer Influenza-Epidemie als Maßstab für den Umgang mit Covid-19 außerhalb der vulnerablen Gruppen.

Die Letalität von Covid-19 liegt außerhalb der vulnerablen Gruppen deutlich, möglicherweise um eine ganze Größenordnung, niedriger als die einer Influenza in der Gesamtbevölkerung. Wenn man also die Verhältnismäßigkeit an diesem Vergleich orientiert, der zudem den Vorteil hat, keinen

Diskriminierungsvorwurf auf sich zu ziehen, sind wir für die Rechtfertigung einer alternativen Strategie auf der sicheren Seite. Wenn es gelingt, das Infektionsgeschehen einer Pandemie vom Typ Covid-19 mit der starken Konzentration von Morbidität*, Morbidität** und Letalität auf Vorerkrankte und Hochbetagte aus Altenheimen, Pflegeeinrichtungen und Kliniken fernzuhalten sowie den autark lebenden vulnerablen Personen effektive Schutzmöglichkeiten zu geben, dann ist ein restriktiverer Umgang als derjenige, der bei saisonalen Grippewellen üblich ist, nicht gerechtfertigt. Wenn man diese Verhältnismäßigkeit zum Kriterium nimmt, wäre ein restriktiver Umgang, der Grundrechte aufhebt oder einschränkt, folglich moralisch und rechtlich unzulässig. Die Auflagen können gegenüber Personen, die für sich ein geringeres Infektionsfolgenrisiko als bei einer Influenza erwarten, nur unter der Bedingung gerechtfertigt werden, dass damit andere geschützt werden, die ein weit höheres Infektionsfolgenrisiko tragen als das einer Infektion mit Influenza-Viren. Wenn aber sichergestellt ist, dass diese Gefährdung nicht erfolgt, zum Beispiel weil das Infektionsgeschehen nicht auf Pflegeheime ausgreifen kann, entfällt dieses rechtfertigende Argument, und damit werden die Freiheitseinschränkungen unzulässig.

Wenn man zudem in Rechnung stellt, dass die allgemeinen restriktiven Maßnahmen (Ausgangsbeschränkungen, Kontaktsperren) ökonomische, soziale und kulturelle Folgen haben, die sich nicht bei allen Personen, aber bei einem doch wachsenden Teil der Bevölkerung zu existenziellen Krisen entwickeln können, wird die Unzulässigkeit der restriktiven Maßnahmen unter dieser Bedingung noch offenkundiger. Der Verlust des Arbeitsplatzes oder des über Jahre aufgebauten Familienunternehmens, die dauerhafte Abhängigkeit von sozialen Transferleistungen und die Verfinsterung der ökonomischen Aussichten über viele Jahre sind derart gravierend, dass sie nur als eine Notmaßnahme zur Abwendung größten Unheils gerechtfertigt werden können. Wenn die genannte

Bedingung aber erfüllt ist, handelt es sich um eine Gesundheitskrise, deren Ausmaß deutlich unter der von saisonalen Grippen liegt.

Die Alternative im Falle von Covid-19 gegenüber der europäischen Delay-Strategie lautet: konsequentes Containment und Risikostratifikation.

1. Ausschlaggebend ist zu Beginn die *effektive Intervention*, um die Ausbreitung lokal zu begrenzen, um den Übergang zu einer epidemischen und pandemischen, in der Regel exponentiellen Phase zu blockieren. Der Einsatz digitaler Tools ermöglicht es, ohne massive staatliche, gar paramilitärische Interventionen auszukommen, wie Südkorea gezeigt hat. Die Krisenbewältigung darf sich nicht am aktuellen Infektionsrisiko orientieren, wie es zu Beginn der Pandemie erfolgt ist. Zweifellos ist es nicht einfach, die Bevölkerung von der Notwendigkeit drastischer Maßnahmen zu einem Zeitpunkt zu überzeugen, zu dem das individuelle Infektionsrisiko noch minimal ist, da hilft nur Aufklärung über die mathematischen Besonderheiten von Potenzfunktionen.

2. Wenn Containment scheitert, dann sollten spezifische Maßnahmen zum *effektiven Schutz der vulnerablen Gruppen* erfolgen, allgemeine, alle gleichermaßen betreffende Restriktionen mit gravierenden ökonomischen, sozialen und kulturellen Folgen aber vermieden werden.

3. Der Schutz der vulnerablen Gruppen sollte durchgehend *diskriminierungsfrei* erfolgen, das heißt auf Freiwilligkeit setzen. Es geht in erster Linie um Angebote der Kommunen, die es den Gefährdeten erlauben, sich effektiv zu schützen: tägliche Versorgung mit dem Lebensnotwendigen, medizinische Masken etc.

4. Menschen, die in Heimen leben, müssen sich darauf verlassen können, dass sie keinem Infektionsrisiko ausgesetzt werden. Das Betreuungspersonal ist daher regelmäßig zu

testen, Schutzkleidung und Sicherheitsschleusen sind unumgänglich. Neuzugänge sind zu testen.

5. Der *Schutz des medizinischen Personals* muss, ebenso wie der von Patienten in den Krankenstationen, sichergestellt sein, anders als in der ersten Phase der Pandemie.

6. Wenn der Schutz der Vulnerablen gesichert ist (derjenigen, die geschützt werden müssen, und derjenigen, die sich selbst freiwillig schützen können), dann gelten für die übrige Bevölkerung vergleichbare Präventionsmaßnahmen wie im Falle einer Epidemie mit vergleichbarer Letalität. Wenn es also durch (1) bis (5) gelingt, die Letalität einer Infektionskrankheit unter diejenige einer saisonalen Grippe zu drücken, wäre eine Ungleichbehandlung unverhältnismäßig und damit risikoethisch irrational.

13 LEHREN AUS DER CORONAKRISE – NIE WIEDER!⁴⁸

Paris. Ein gewöhnlicher Montagmorgen. In einem französischen Lycée hält ein Lehrer gerade einen Vortrag über Katharina von Medici. Die Schüler hören ihm gelangweilt zu. Plötzlich bemerken sie, wie eine Gruppe junger Männer und Frauen den Schulhof betritt und einige sich in Richtung ihrer Klasse aufmachen. Die Tür wird aufgerissen. Ein hübscher junger Mann, Sean, geht zum Lehrerpult und spricht zu den Schülern, die ihn mit aufgerissenen Augen anstarren.

»Hallo, wir sind von Act Up Paris. Wir wollen mit euch über Aids-Prävention reden, da der Staat dazu nicht imstande ist. Wir sind hier, weil der französische Staat dazu offensichtlich nicht in der Lage ist.«

Der Lehrer versucht, ihn zu unterbrechen, aber Sean lässt sich nicht aus dem Konzept bringen.

»Egal, ob du schwul, lesbisch, hetero oder bi bist ... das Kondom ist der einzige Schutz vor Aids und anderen STDs. Bei der Fellatio ist die Gefahr zwar geringer, aber doch ist sie vorhanden. Kein Sperma in den Mund nehmen, insbesondere bei Mundverletzungen oder entzündetem Zahnfleisch.«

Sean, der selbst HIV-positiv ist und weiß, dass ihm angesichts fehlender wirklich guter Medikamente nicht mehr viel Zeit zum Leben bleibt, engagiert sich bei Act Up Paris. Er wurde als 16-Jähriger bei seinem ersten sexuellen Kontakt infiziert, und zwar von seinem verheirateten Mathelehrer. Während ein Freund von Sean im Klassenzimmer Broschüren verteilt, reißt der Lehrer diese den Jugendlichen wieder aus der Hand.

»Das sind Minderjährige! Was erlauben Sie sich!«, schreit er.
Im Nebenzimmer betritt zum gleichen Zeitpunkt ein anderer
junger Mann von Act Up eine Klasse.

»Entschuldigen Sie, Madame«, wendet er sich höflich an die
Lehrerin. »Wir sind von Act Up Paris und unterbrechen Sie nur
kurz, um über Aids zu sprechen. Wir fassen uns kurz.«

»Okay!«, sagt die Lehrerin und richtet sich an ihre Schüler:
»Hört zu, das ist sehr wichtig.«

Dann legt der Junge los und stellt dar, welche sexuellen Prak-
tiken für die Verbreitung des Virus gefährlich sein können und
welche nicht.

Diese Szene ist dem Film *120 BPM (120 Beats Per Minute)*
von Robin Campillo aus dem Jahr 2017 entnommen. Er
beruht auf vielen wahren Begebenheiten und führt den Zu-
schauern von heute den Beginn der Aids-Epidemie in Europa
vor Augen. Act Up Paris ist keine Fiktion. Dieser Verein
wurde 1987 in New York gegründet und 1989 auch in Paris,
einer Stadt, in der das HI-Virus besonders wütete. Die Mitglieder kämpften sowohl gegen Pharmafirmen, die, wie sie
glaubten, die Forschung aus monetären Zwecken unter Ver-
schluss hielten, als auch dafür, die Gesellschaft aufzuklären,
um weitere Tote zu verhindern, denn der französische Staat
unter Präsident Mitterrand war in Sachen Prävention nicht
engagiert genug. Jungen Menschen zu sagen, sie sollten
Kondome benutzen, war dem katholisch geprägten Frankreich ein Dorn im Auge. Aber es ging Act Up Paris auch
darum, der sozialen und politischen Ausgrenzung der in
Frankreich (wie in den restlichen westlichen Staaten) vornehmlich betroffenen Infizierten, also Schwulen, Transsexu-
ellen, Prostituierten und Fixern, entgegenzuwirken. So haben
die Aktivisten gleich im Jahr ihrer Gründung eine Banderole
auf der Kathedrale von Notre-Dame angebracht, um die kon-
traproduktive Haltung der katholischen Kirche zu denunzie-
ren. Zu ihren wichtigsten politischen Kampfsprüchen gehört
etwa: »Schweigen = Tod, Aktion = Leben«.

Sean, der Held des Films, wird seine Erkrankung nicht überleben. Doch sein Freund Nathan, selbst HIV-negativ, hat gelernt, mit der Bedrohung durch das Virus zu leben. In den letzten Lebensmonaten von Sean zieht er mit ihm zusammen, kümmert sich liebevoll um ihn und hat sogar noch – natürlich geschützten – Sex mit ihm. Das Virus hindert niemanden daran, am Leben teilzuhaben, Freunde zu haben, zu lieben und geliebt zu werden – so lautet eine der zentralen Botschaften, auch des Films.

Die 1980er-Jahre sind kulturell eine aufwühlende Zeit. Mit ihnen ging die Zeit der erotischen und sexuellen Libertinage zu Ende. Der Schrecken angesichts der neuen Infektionskrankheit Aids und der damit einhergehenden Verbindung von Sexualität und Tod griff tief in die Lebenswelt insbesondere der jüngeren Generationen ein. Die politischen Reaktionen bildeten ein weites Spektrum ab – vom weitgehenden Laisser-faire bis hin zu drakonischen Maßnahmen der Isolierung von Infizierten und allgemeiner sozialer Distanzierung. Der damalige Rechtsausleger der CSU und Staatssekretär im bayerischen Innenministerium, Peter Gauweiler, irritierte die Öffentlichkeit mit drastischen Vorschlägen, die von den hauptsächlich betroffenen Gruppen der Homosexuellen und Drogenabhängigen als diskriminierend empfunden wurden. Rita Süssmuth, die damalige Bundesgesundheitsministerin, fuhr dagegen einen behutsamen Kurs der Aufklärung und zugleich der Beruhigung der Öffentlichkeit.

Bis heute gibt es gegen HIV/Aids keine verlässliche Impfung, allerdings gibt es komplexe Therapien, die das Virus im Körper bis unter die Nachweisgrenze drücken können und unterdessen HIV-Infizierten ein langes Leben ermöglichen. In manchen Ländern des globalen Südens ist die Lebenserwartung durch HIV dagegen deutlich gesunken und die ökonomische und soziale Vitalität nachhaltig beschädigt. Aber auch Länder des globalen Südens zeigen, dass es möglich ist, das Risiko einer HIV-Infektion zu begrenzen und die Folgen einer solchen zu mäßigen. Namibia gilt dafür als eines der vorbildlichen Länder.

Wann immer das Virus auf die menschliche Spezies ausgegriffen hat – vermutlich schon viele Jahre vor der pandemischen Entwicklung –, dieser Ausbruch ist, wie es scheint, nicht mehr rückgängig zu machen. Auch 2020 werden sich mehr als eine Million Menschen weltweit mit Aids infizieren.[49] Die Welt hat lernen müssen, mit dem Virus zu leben, allerdings ist das in sehr unterschiedlichem Maß gelungen, und die Risiken sind nach wie vor extrem ungleich verteilt: Für Menschen, die sich Heroin spritzen, ist das Risiko 50-mal höher als in der Normalbevölkerung, und homosexuelle Männer haben hierzulande ein 19-mal höheres Risiko, sich anzustecken.[50]

Ebola ist dagegen eine andere Kategorie von Risiko. Wenn sich Menschen mit dem Ebolavirus infizieren, sterben sie zu einem hohen Prozentsatz, je nachdem, welcher Typ sie befallen hat. Die Letalität für Ebola beträgt je nach Virusart zwischen 20 und 90 Prozent. Eine pandemische Ausbreitung von Ebola hätte zu einer Weltkatastrophe unvorstellbaren Ausmaßes geführt. Es ist den afrikanischen Staaten zu verdanken, dass es dazu nicht gekommen ist. Auch in Zukunft wird es vermutlich immer wieder Übergriffe des Ebolavirus auf menschliche Populationen geben, und es ist zu hoffen, dass es jeweils gelingt, eine pandemische Entwicklung zu verhindern und das Infektionsgeschehen lokal begrenzt zu halten. Die Welt muss dann nicht lernen, mit Ebola zu leben.

Die Welt muss seit Jahrtausenden mit dem Influenza-Virus leben, das sich in unterschiedlichen Typen und immer wieder neuen Mutationen saisonal über einen Großteil der nördlichen Hemisphäre ausbreitet, insbesondere in den kühlen Wochen des Herbstes und dann noch einmal im Frühjahr.[51] Dabei ist eine Influenza-Epidemie keineswegs harmlos, die Zahlen der Erkrankten und der Todesfälle schwanken sehr stark von Jahr zu Jahr. Die Grippewelle 2017/18 forderte in Deutschland 25 000 Menschenleben (in Italien sogar mehr als 30 000), in manchen Jahren liegt die Todesrate jedoch bei weniger als 1000 Menschen. Aber auch in Zeiten einer heftigen Influenza-Epidemie haben die Gesellschaften damit zu leben gelernt. Sie wissen, dass das Risiko ungleich verteilt ist, dass es Impfungen gibt, die allerdings nicht zuverlässig schützen und mit zunehmendem Alter an Effektivität verlieren. Manche vorsichtigen Menschen verhalten sich risikoavers, andere wollen von sozialen und kulturellen Aktivitäten auch in Phasen der Grippewellen nicht lassen und nehmen die regelmäßigen Infekte als Stärkung ihres Immunsystems in Kauf. Es scheint jedenfalls einen globalen Konsens darüber zu geben, dass die Risiken einer Influenza-Epidemie einen allgemeinen Lockdown mit all den ökonomischen, sozialen und kulturellen Folgen nicht rechtfertigen. Die Welt hat mit dem Influenza-Virus zu leben gelernt.

Wie wird es mit Covid-19 sein? Nach wie vor stehen sich zwei Denkschulen gegenüber: Die eine will das Virus lokal begrenzen wie Ebola, die andere hält dies angesichts der Mobilität der Weltgesellschaft und der vergleichsweise geringen Letalität sowie der Tatsache, dass ein großer Teil der Infizierten symptomfrei, aber dennoch infektiös ist, für undenkbar. Das Worst-Case-Szenario wäre, dass sich Covid-19 wie Influenza in saisonalen Wellen über einen großen Teil der Erde ausbreitet. Die Welt müsste dann lernen, auch mit diesem Virus zu leben.

In Deutschland wurde im Sommer 2020 zunehmend eine risikostratifizierte Strategie praktiziert, also nach Abschätzung des jeweiligen Risikos gehandelt. Die hohe Zahl von Infizierten in Göttingen nach einigen privaten Zuckerfesten zum Ende des Ramadan beispielsweise führte in einem Wohnblock nicht nur zu rigorosen Kontrollen und Quarantänen, sondern veranlasste die Kommune auch zu Schulschließungen. Die Maßnahmen blieben aber lokal beschränkt. Selbst angesichts des massiven Ausbruchs mit Hunderten von Infizierten in der Fleischproduktion von Tönnies im Kreis Gütersloh wurde auf einen regionalen Lockdown zunächst verzichtet. Beide Fälle zeigen: Das, was im allgemeinen ersten Lockdown in den meisten europäischen Staaten nicht möglich erschien, nämlich risikostratifiziert vorzugehen, weist einen Weg in eine erträgliche Praxis im Umgang mit Covid-19.

Im Herbst 2020 stellte sich heraus, dass die Gesundheitsämter in ganz Europa angesichts der steigenden Inzidenzen die Kontrolle über das Infektionsgeschehen rasch wieder verloren, sodass die risikostratifizierten Strategien abgebrochen und durch unterschiedliche allgemeine Shutdown- und Lockdown-Maßnahmen ersetzt wurden. Das, was noch Wochen zuvor ausgeschlossen worden war, nämlich erneut mit allgemeinen Maßnahmen das wirtschaftliche, soziale und kulturelle Leben für alle massiv einzuschränken, wurde bittere Realität. Die Politik hat durch Untätigkeit über viele Monate, durch die Weigerung, Schulen und Gesundheitsämter auf die zweite Welle vorzubereiten und durch unzureichenden Einsatz digitaler Technologien zu dieser Entwicklung beigetragen.

Was aber tun, wenn es erneut zu einer pandemischen Ausbreitung kommt, die lokal nicht mehr beherrscht werden kann? Wenn sich die Welt gar auf saisonale Covid-19-Wellen einstellen muss? Vermutlich ist der Öffentlichkeit und den politisch Verantwortlichen unterdessen klar, dass eine regelmäßige Wiederholung des globalen Lockdowns dann keine Option mehr ist. Ein Lockdown im Herbst und im Frühjahr jedes Jahr würde die Welt in eine tiefe ökonomische Depression zwingen, mit unerträglichen Folgen. Schon jetzt weisen die Daten auf einen Einbruch hin, der als einzigen Vergleich in der Industriegeschichte die Weltwirtschaftskrise von 1929 hat. Auch damals war es der erneute Rückgang der Wirtschaftsleistung, bewirkt auch durch falsche staatliche Gegenmaßnahmen, der am Ende das soziale Desaster auslöste, das die nationalsozialistische Machtergreifung erst möglich machte. Die Geschichte wiederholt sich nicht, aber diese Erfahrung muss uns eine Warnung sein: nie wieder!

SCHLUSSBEMERKUNG
LOB DER URTEILSKRAFT

Wir alle wissen, wie wichtig es ist, sich ein verlässliches Urteil zu bilden. Die Fähigkeit dazu wird in der Philosophie als Urteilskraft diskutiert. Immanuel Kant hat nach der *Kritik der reinen Vernunft*, seiner Erkenntnistheorie, und der *Kritik der praktischen Vernunft*, seiner Ethik, dazu seine dritte große Kritik geschrieben: die *Kritik der Urteilskraft*. Wie kommt es, dass wir bestimmte Erfahrungen richtig deuten? Welche Zusammenhänge bestehen zwischen Theorie und Empirie? Über wie viel theoretisches Wissen muss man verfügen, um verlässlich urteilen zu können, und welche Rolle spielen dabei Intelligenz und Bildung?

Ohne Urteilskraft ist alles nichts. Die Demokratie als Staats- und Gesellschaftsform setzt voraus, dass Bürgerinnen und Bürger urteilsstark sind, dass sie sich über die Grundlinien der Politik, der Wirtschafts- und Sozial-, der Kultur- und Außenpolitik eine begründete Meinung gebildet haben und bereit sind, sich darüber mit anderen fair und ergebnisoffen auszutauschen. Diejenigen, die das für eine Illusion halten, die meinen, dass Meinungen ja jeweils nur Interessenlagen repräsentieren, auf Vorurteilen und kulturellen Bindungen basieren, wollen meist nicht wahrhaben, dass sie damit – ob sie es wollen oder nicht – die Demokratie ablehnen. Ohne eine hoch entwickelte Urteilskraft in der Gesellschaft ist die Demokratie nicht lebensfähig. Das macht die populistischen Aufwallungen der Gegenwart so gefährlich, und diese Gefährlichkeit zeigt sich besonders in Krisensituationen. An die

Stelle des begründeten Urteils treten die Kampagne und das Vorurteil, an die Stelle der rationalen Auseinandersetzung die Diffamierung und die Herabsetzung, an die Stelle einer sachlichen Widerlegung einer irrtümlichen Meinung die Beschimpfung in den sozialen Medien. Der Verfall der politischen Kultur gefährdet dann nicht nur die rationale Krisenbewältigung, sondern die Demokratie als Staats- und Gesellschaftsform.

Zur demokratischen Kultur gehört der Austausch von Argumenten, und zwar nicht nur innerhalb der wissenschaftlichen Disziplinen, sondern inklusiv unter Einbeziehung aller interessierten Bürgerinnen und Bürger. Die Politik hat die Pflicht, sich auf das wissenschaftliche Argument einzulassen, die Unterschiede im wissenschaftlichen Urteil auszuhalten und die Öffentlichkeit an der Meinungsbildung zu beteiligen. Die Wissenschaft kann die politische Ägide nicht übernehmen. Die Politik bleibt auch in Krisenzeiten in der Verantwortung, und diese Verantwortung legitimiert sich durch den öffentlichen Diskurs und die Überzeugungskraft gegenüber einer kritischen Öffentlichkeit. Wer in Krisenzeiten den kritischen Diskurs unterdrückt, legt die Axt an die Wurzel der demokratischen Ordnung. Wer die politische Verantwortung an wissenschaftliche Institute abtritt, transformiert Demokratie in eine Expertokratie und entmachtet den Ursprung aller demokratischen Legitimation: »Alle Staatsgewalt geht vom Volke aus« – so steht es in Artikel 20 (2) des Grundgesetzes. Aber wenn das Volk, die Bürgerschaft in der Demokratie, sich dem begründeten Argument verweigert, die wissenschaftliche Expertise abwertet und die repräsentative, institutionell und rechtsstaatlich verfasste Entscheidungsfindung durch den unmittelbaren Volkswillen ersetzt, gefährdet dies ebenfalls die demokratische Ordnung. Wir stimmen dieser unter dem Vorbehalt zu, dass individuelle Rechte garantiert sind, der Rechtsstaat darüber wacht und Institutionen Machtmissbrauch verhindern. Die Krise legitimiert nicht zur

Autokratie und nicht zur populistischen Transformation der Autokratie.

Urteilskraft ist ein hohes Gut, innerhalb und außerhalb der Wissenschaft. Sie ist nicht zwingend Folge hoher Intelligenz und Bildung, sie ist abhängig von der Zivilcourage der einzelnen Personen, sich, wenn nötig, gegen Mehrheitsmeinungen zu stellen und auch dann am rationalen Diskurs festzuhalten, wenn krisenhafte Umstände viele Menschen überfordern und zu unbedachten Äußerungen und irrationalen Handlungen veranlassen. Urteilskraft wird dort wirksam, wo diejenigen, die darüber in hohem Maße verfügen, respektiert werden, so unbequem deren Urteil gelegentlich sein mag. Urteilskraft verlangt Respekt gegenüber widerstreitenden Meinungen und das immer wieder erneute Bemühen um das bessere Argument. Nur eine individuelle, aber auch politische, ökonomische, soziale und kulturelle Praxis, die sich vom besseren Argument leiten lässt, wird uns eine gute Zukunft trotz aller drohenden Gefahren und wiederkehrenden Großrisiken sichern können.

ANHANG

Dokumentation publizierter Stellungnahmen zu Covid-19 von Julian Nida-Rümelin

Vorbemerkung: Die Demokratie lebt vom öffentlichen Diskurs. Ohne eine umfassende öffentliche Meinungsbildung ist alles andere nichts. Wenn lediglich Partisanenkämpfe in Gestalt eines verbalen Schlagabtausches das Feld beherrschen, nimmt die Demokratie Schaden. Von daher gilt der demokratische Imperativ: Mische dich ein! Aber wer sich einmischt, erlebt manchmal sein blaues Wunder. Die Diskurse erscheinen wie vorformatiert. Es gibt Schubladen und Schachteln, in die jede Meinungsäußerung eingeordnet wird. Das eigenständige Argument scheint oft keine Chance zu haben. Ich habe mich sehr früh für das politische Engagement entschieden, ich war Schulsprecher mit 17 Jahren, später in der Umwelt- und Friedensbewegung engagiert, dann über viele Jahre in der Sozialdemokratie. Aber ich fühlte mich nie als Partisan, sondern als Kooperationspartner einerseits und politisch Urteilender andererseits. Politische und philosophische Urteilskraft verlangt eine Art Zivilcourage. Nach Abwägung der Argumente kommt man zu einer bestimmten Überzeugung, und diese fügt sich nur zufällig und selten in das übliche philosophische und politische Strömungsbild. Mit den einen besteht Übereinstimmung, aber Dissens in anderen Fragen, und auch die anderen, vielleicht einer anderen philosophischen »Schule« oder einer anderen politischen Partei angehörig, können recht haben.

Wer sich dem verschreibt, was Habermas als »strategische Kommunikation« bezeichnet hat, verabschiedet das wohlbegründete Urteil und wählt stattdessen seine Äußerungen als Instrument der Zielverfolgung. Wenn dies hinreichend viele machen, kollabiert der Diskurs, und die ersten Opfer sind Wahrheit und Wahrhaftigkeit. Kommunikative Rationalität respektiert alle am Diskurs Teilnehmenden gleichermaßen, lässt jedes Argument zu und trägt zu einer möglichst rationalen Deliberation bei. Schon in der wissenschaftlichen, erst recht in der politischen Kommunikation gibt es allerdings Restriktionen, unter anderem aus einem banalen Grund: Zeitmangel. Dominierende Gruppen, zusammengehalten durch bestimmte Überzeugungen, tendieren zur Ausgrenzung der andersdenkenden Minderheit, weil diese keine Macht entfalten kann. In der Wissenschaft etablieren sich Paradigmen, deren Anhänger darauf bedacht sind, Einwände kleinzuhalten. In der Politik nimmt diese Ausgrenzungspraxis oft institutionelle Formen an, Parteiflügel formieren sich und sorgen dafür, dass sie dort, wo sie die Macht errungen haben, keine Gefahr von »Dissidenten« gewärtigen müssen. Der Wahrheitsfindung tun diese Praktiken nicht gut.

Auch aus diesem Grunde sind in diesem Anhang einige meiner Interventionen in der Covid-19-Debatte zusammengestellt. Sie erlauben es, anhand der unverfälschten Quellentexte zu prüfen, was der Autor tatsächlich sagte, und es zu kontrastieren mit dem, was darüber kolportiert wurde. Zum Beispiel publizierte die *Bild*-Zeitung am 7. Mai 2020 einen großen Artikel unter dem Titel »Die intelligentesten Corona-Skeptiker«. Dort wurde aus einem Artikel der *Abendzeitung* von mir korrekt zitiert. Der *Bild*-Zeitung ist dabei nichts vorzuwerfen, allenfalls die Subsumption unter der problematischen Überschrift »Corona-Skeptiker«, in Analogie zu Klimaskeptikern. Die Folge aber war, dass ich nicht nur in den sozialen Medien und im privaten Bereich, sondern auch bei Fragen seriöser Interviewer in die Schublade derjenigen gesteckt wurde, die – wie etwa Wolfgang Wodarg, Sucharit Bhakdi und andere – dafür plädiert hatten, nichts gegen die

Covid-19-Pandemie zu unternehmen, sie wie eine saisonale Grippe zu behandeln. Tatsächlich hatte ich in Stellungnahmen gleich zu Beginn kritisiert, dass die staatlichen Reaktionen in ganz Europa, auch in Deutschland, zu spät und zu zaghaft erfolgten, anstatt zu Beginn der exponentiellen Entwicklung mit konsequentem Containment zu verhindern, dass eine weitere Ausbreitung erfolgt, wie es mit großem Erfolg etwa in ostasiatischen Demokratien gelungen war. Erst wenn Containment scheiterte, hatte ich als Plan B dafür plädiert, die gefährdeten Teile der Bevölkerung effektiv zu schützen, um damit die Letalität von Covid-19 deutlich unter die einer saisonalen Grippe zu drücken und so eine massive ökonomische, soziale und kulturelle Beschädigung der Gesamtgesellschaft zu vermeiden (siehe *Welt*-Artikel vom 1. April im Anhang).

Selbst die kluge und unpolemische Interviewerin Svenja Flaßpöhler vom *Philosophie Magazin* fragte im Juni 2020: »Ihr Aufruf, den Sie gemeinsam mit dem Epidemiologen Alexander Kekulé, den Ökonomen Christoph Schmidt und Thomas Straubhaar, dem Tübinger Oberbürgermeister Boris Palmer und der Juristin und Autorin Juli Zeh für den *Spiegel* verfasst haben, stieß auf Kritik: Sie würden, so der Vorwurf, menschliches Leben mit wirtschaftlichem Schaden verrechnen.«

Damit hatte sie zweifellos recht, das wurde mir und den anderen Autoren des *Spiegel*-Artikels vorgeworfen, allerdings ohne jede Faktenbasis. Die Botschaft des *Spiegel*-Artikels war ja genau entgegengesetzt: keine Verrechnung von Menschenleben gegen ökonomische Vorteile, stattdessen eine Strategie, die sowohl Gesundheitsschutz als auch den Schutz der ökonomischen, sozialen und kulturellen Vitalität im Auge hat – während die viel gelobte gemeinsame Studie des ifo Instituts und des Helmholtz-Zentrums für Infektionsforschung (siehe Kapitel 11) ein gemeinsames Optimum von Ökonomie und Gesundheitsschutz in einem Modell zu errechnen versuchte, mit der für die Bundesregierung schmeichelhaften Botschaft, dass ihre Maßnahmen in Deutschland dazu geführt hätten, dass die Situation hierzulande nahe am Optimum gelegen habe. Hier gab es merkwürdigerweise, soweit ich weiß, keine einzige kritische Stimme, dass man ökonomische und gesundheitliche Vorteile nicht miteinander verrechnen dürfe. Genau dies hatte aber in dieser Studie stattgefunden. Noch merkwürdiger ist, dass das mathematisch elegante Modell empfiehlt, sich an einer Größe zu orientieren, von der die Autoren selbst wussten, dass sie unbekannt ist, nämlich die Zahl der Neuinfektionen. Sowohl das RKI und das Helmholtz-Zentrum als auch die Studie selbst konzedierten, dass die Zahl der tatsächlich Infizierten um ein Vielfaches höher liege als die der Registrierten. Nur bei umfassenden und regelmäßigen anlasslosen Testungen können sich Maßnahmen der Pandemiebekämpfung an dieser Größe (der Zahl der registrierten Infizierten) orientieren. Wenn es aber gelingt, durch eine risikostratifizierte Vorgehensweise die Letalität abzusenken, wird die Zahl der Infizierten zunehmend irrelevant. Am Ende einer solchen positiven Entwicklung der Pandemiebekämpfung spielt sie keine Rolle mehr.

Der natürliche Feind des wohlerwogenen philosophischen wie politischen Urteils ist die Ideologie. Ideologien unterscheiden sich von Theorien und Hypothesen in ihrem »Zertismus«, das heißt in der dogmatischen Verhärtung bestimmter Glaubenssätze und dem Bemühen, sich gegenüber kritischen Einwänden abzuschirmen. Eine beliebte Methode ist dabei die Herabwürdigung der Kritikerinnen und Kritiker. Man kann ihnen unlautere Motive unterstellen, ihre Kompetenz bestreiten, sie Schubladen zuordnen, in die sie nicht passen, sie in ein ungünstiges Licht, auch in Gestalt medial wirksamer Bilder, tauchen, sie mit abwertenden, aber konnotationsstarken Epitheta[52] belegen etc.

Auffällig während der Coronakrise war die lange Liste von teilweise hochkompetenten »Dissidenten« aus der Epidemiologie und Virologie, die in der öffentlichen Wahrnehmung ihre Kompetenz innerhalb weniger Wochen einbüßten: Professoren aus der Epidemiologie, Infektiologie und Virologie wie Didier Raoult, Sucharit Bhakdi, Karin Mölling, John Ioannidis, Hendrik Streeck oder Alexander Kekulé. Hier maßten sich Journalisten eine Rolle an, die ihnen nicht zusteht, nämlich die der Beurteilung spezifischer wissenschaftlicher Kompetenzen. Ein beliebtes Mittel der Diskreditierung ist es dabei, in der Fragestellung Behauptungen einzuschmuggeln nach dem beliebten Muster von Sportreportern: »Wie glücklich sind Sie, dass Ihre Mannschaft trotz der widrigen Umstände und einer Roten Karte das Spiel gewonnen hat?« In meinem Falle hieß es im Rahmen eines Interviews am 12. Juni für die TV-Sendung *Berlin direkt:* »Sie haben ja die Maßnahmen der Bundesregierung kritisiert …«, dabei habe ich bei jeder Gelegenheit gesagt: »Ich kritisiere die Maßnahmen nicht. Sie waren notwendig, auch deswegen, weil wir sehr schlecht vorbereitet waren, aber auch, weil die Welt zu Beginn die Pandemie noch nicht zureichend beurteilen konnte.« Und ich habe dann hinzugefügt, dass dies dennoch nicht das letzte Wort sein könne und dass es gefährlich sei, der Bevölkerung zu suggerieren, sie müsse sich nun auf den Fortbestand dieser Maßnahmen bis zur Entwicklung eines Impfstoffs einstellen, was zweifellos in eine ökonomische und soziale Katastrophe münden werde.

Auch meine Formulierung »Die allgemeinen Maßnahmen müssen so schnell wie möglich beendet werden« habe ich immer mit dem Zusatz versehen, »sobald die Bedingungen dafür geschaffen sind, das heißt, der Schutz der vulnerablen Gruppen sichergestellt ist«. Ich habe frühzeitig kritisiert, dass sich das Personal in Alten- und Pflegeheimen, selbst in Kliniken, nur unzureichend schützen kann und, sofern symptomfrei, nicht getestet wird. Unter diesen Bedingungen war abzusehen, dass sich Covid-19 auf die Insassen von Alten- und Pflegeheimen sowie Krankenstationen ausweiten würde, und genau dies ist dann auch geschehen. So gab das RKI bereits Ende April zu, dass fast ein Drittel aller Corona-Toten aus Altenheimen und Pflegeheimen stammten, die Zahl stieg daraufhin leider noch weiter an. So waren im Juni 60 Prozent der Verstorbenen mit Covid-19 aus Pflegeheimen oder ambulanten Pflegediensten, obwohl nur 1 Prozent der Bevölkerung in Pflege ist und nur 8 Prozent der Infizierten mit Covid-19 in Pflege sind. Die Letalität, über die in Deutschland zu Beginn der Pandemie stolz berichtet wurde, weil sie sehr viel niedriger lag als in anderen Ländern (jedenfalls nach den jeweils verfügbaren Daten, die ein hohes Maß an Unsicherheit aufweisen), wurde in der Berichterstattung nicht mehr erwähnt, nachdem sie sich im Laufe von wenigen Wochen mehr als verzehnfachte (!), als also genau das eintrat, wovor ich auch in persönlichen Gesprächen mit politisch Verantwortlichen gewarnt hatte. Das niederschmetternde Argument war, dass die finanziellen Mittel für eine Ausweitung der Testkapazitäten nicht zur Verfügung standen. Erst Mitte Juni – also in der Phase des vorläufigen Abklingens der Pandemie in Deutschland – änderte sich dies.

Betrachten wir noch eine weitere Schublade. In die Schublade der Liberalisierer gehören im öffentlichen Meinungsbild auch diejenigen, die gegen den Einsatz einer digitalen Kontrolle des Infektionsgeschehens Stimmung machen. Deswegen war es offenbar in der öffentlichen Wahrnehmung unmöglich, eine differenzierte Position einzunehmen, also sowohl für Containment zu plädieren als auch gegen einen lang anhaltenden allgemeinen Lockdown und sowohl für eine stärkere Berücksichtigung individueller Rechte und Freiheiten als auch für einen frühzeitigen und effektiven Einsatz smarter digitaler Methoden zur Nachverfolgung, Prävention, Kontrolle und Therapie nach dem Vorbild Südkoreas.

Man kann aus guten Gründen sowohl die unverhältnismäßige Einschränkung von Freiheitsrechten beklagen als auch für eine vorübergehende Einschränkung des Rechts auf informationelle Selbstbeschränkung zur effektiven Pandemiebekämpfung sein. In einer Demokratie muss es möglich sein, auch differenzierte Argumente in die Debatte einzubringen. Diesem Zweck soll auch die folgende Dokumentation dienen.

»Die Strategie der Bundesregierung kann nicht das letzte Wort sein« (*Die Welt*, 31. März 2020[53])

Die Reaktionen auf die Epidemie fallen weltweit unterschiedlich aus, und die Entwicklungen divergieren auffällig. Virologen und Epidemiologen spielen für die Beurteilung der neuen Virusart und ihrer gesundheitlichen Risiken eine zentrale Rolle, die Entwicklung einer wirksamen und klugen Gesamtstrategie im Umgang mit der Pandemie ist jedoch eine politische Aufgabe. In Demokratien beruht politische Verantwortung auf Deliberation, auf der möglichst rationalen Abwägung der Vor- und Nachteile einer Strategie der Bewältigung der aktuellen Coronakrise. Dabei spielen mikrobiologische, epidemiologische, mathematische, aber auch ökonomische, soziale und kulturelle Aspekte eine Rolle. Am Ende geht es darum, die Herausforderung möglichst gut zu bestehen, diese Krise zu bewältigen und eine gute Zukunft zu sichern.

Die Menschen weltweit zeigen bisher ganz überwiegend Verständnis für notwendige Maßnahmen, Kooperationsbereitschaft und ein hohes Maß an Solidarität. Auf vieles, was noch vor Kurzem unabdingbar erschien, sind die Menschen bereit zu verzichten, sie nehmen massive Mobilitätseinschränkungen in Kauf, halten räumlich voneinander Abstand, tragen Mundschutz, um andere, weniger sich selbst, zu schützen, bleiben zu Hause, wenn das empfohlen oder angeordnet wird, beschränken ihre außerhäuslichen Aktivitäten auf das Nötigste. Der Staat bleibt handlungsfähig, ja die Bürgerinnen und Bürger erwarten Schutz, Sorge und Anleitung von ihren

Regierungen. Die Politik wird dem in beachtlichem Maße gerecht, auch in Deutschland.

Ein weniger überzeugendes Bild ergibt sich, wenn man sich die eingeschlagenen Strategien ansieht. Auch in der Wissenschaft gibt es sehr unterschiedliche Einschätzungen und Empfehlungen, aber die neue Herausforderung fordert vor allem die politische Urteilskraft heraus. Virologen können Informationen geben und Einschätzungen formulieren, aber die Politik muss die unterschiedlichen Aspekte der Krise, auch die ökonomischen, sozialen und kulturellen, abwägen. Hier setzt mein Artikel an: Er möchte einen Beitrag zur Deliberation, zur Abwägung unterschiedlicher Optionen leisten und damit die demokratische Rationalität des Umgangs mit der Krise fördern.

Die Faktenbasis der Entscheidungsfindung ist dünn. Das ist kein Grund zur Kritik, denn das Virus ist neu, und auch fieberhafte Forschung kann nicht innerhalb weniger Wochen alle Fragen klären und Lösungen anbieten. Besonders zur Frage der Letalität von Covid-19 liegen weit divergierende Einschätzungen vor. In Italien 9 Prozent, in Deutschland 0,5 Prozent, in Südkorea, dem Land mit den meisten Testungen, knapp über 1 Prozent. Eine Schwankungsbreite um das Zehn- oder gar Zwanzigfache ist allerdings unplausibel, daher liegt die Vermutung nahe, dass die Unterschiede in erster Linie den verschieden hohen Dunkelziffern bei Infizierten zu verdanken sind. Vermutlich ist der Prozentsatz unerkannt Infizierter in Italien um ein Vielfaches höher als in Deutschland, aber auch hierzulande gibt es angesichts der nur begrenzt zur Verfügung stehenden Tests und des meist milden Verlaufs der Erkrankung bei 80 bis 90 Prozent der Infizierten vermutlich eine sehr hohe Dunkelziffer.

Die offizielle Strategie in Deutschland geht davon aus, dass sich die weitere Ausbreitung der Infektionen nicht mehr stoppen lässt, vielmehr soll lediglich der Anstieg verlangsamt werden (Delay), damit das Gesundheitssystem die Belastungen bewältigen kann, bis hinreichende Kapazitäten bereitstehen. Ein einsetzbarer Impfstoff sei nicht vor Ende des Jahres zu erwarten. Das Robert Koch-Institut, auf dessen Expertise die Maßnahmen in Deutschland beruhen, setzt auf eine Infektion von dann insgesamt 50 bis 70 Prozent der Bevölkerung, in einem längeren Zeitraum von ein bis zwei Jahren. Auch die Bundeskanzlerin hat sich dieser Erwartung angeschlossen. Erst dann würden hinreichend viele Menschen durch Infektion gegen Covid-19 immunisiert sein, um die weitere Ausbreitung abebben zu lassen. Damit die Ausbreitung kontrolliert langsam erfolgt, müssten die Maßnahmen jeweils entsprechend angepasst werden und sich über einen langen Zeitraum erstrecken.

Diese Strategie klingt vernünftig und alternativlos. Aus risikoethischer Sicht sprechen jedoch drei Argumente dafür, dass diese Strategie nicht das letzte Wort sein kann.

Das erste Argument sind die in den letzten Tagen noch einmal besonders deutlich gewordenen Erfolge der ostasiatischen Staaten mit einer anderen Strategie, nämlich der der Eindämmung: Containment. Selbst China, ein Land, in dem die Zahl der Infizierten und Erkrankten schon weit vorangeschritten war, hat die Infektionskrankheit nach eigener Einschätzung unterdessen unter Kontrolle und rechnet lediglich mit einem weiteren Aufflackern, aber nicht mehr mit einer umfassenden Ausbreitung. Beeindruckend sind aber auch die Erfolge in Singapur und vor allem im demokratischen Südkorea, erreicht mit Massentests und unter massivem Einsatz digitaler Technologie, aber ohne Ausgangssperren. Warum sollte es ausgeschlossen sein, eine solche Containment-Strategie auch in Deutschland zum Erfolg zu führen? Korea schafft sehr viel mehr Tests am Tag als Deutschland und informiert seine Bürgerinnen und Bürger individuell über Gefahren, Fiebermessungen mit Infrarotkameras, die Isolierung Infizierter etc., und es gibt in Südkorea bislang keine Ausgangssperren.

Das zweite Argument sind die ökonomischen, sozialen und kulturellen Folgen, die die Maßnahmen im Rahmen der deutschen Delay-Strategie haben, wenn sie sich über viele Monate, möglicherweise mehr als ein Jahr hinziehen. Je mehr westliche Länder dieser Strategie über viele Monate folgen, desto tiefer die zu erwartende umfassende Krise, und desto länger wird es nach Überwindung der Epidemie dauern, bis sich Wirtschaft, Gesellschaft und Kultur davon wieder erholen. Die Entwicklung der ökonomischen Kennzahlen ist besorgniserregend. Auch Deutschland mit seinen beeindruckenden finanziellen, wirtschaftlichen und technischen Ressourcen würde sich von einer solchen Krise nur mühsam erholen. Aus vergangenen ökonomischen Krisen wissen wir übrigens, dass diese auch einen massiven Einfluss auf die Sterblichkeit weltweit haben. Die WHO warnt schon jetzt davor, die ökonomischen und sozialen Aktivitäten auf Dauer zu unterdrücken, vielmehr solle man sich auf den Schutz der Gefährdeten und Erkrankten mit Testungen und Isolierungen konzentrieren.

Das dritte Argument besteht in einer schlichten logischen Schlussfolgerung: Wenn die Letalität bei 1 Prozent liegt (Anzahl der Todesfälle unter den Infizierten) und sich am Ende mindestens die Hälfte der Bevölkerung in einem langsamen Prozess, der sich über bis zu zwei Jahre hinziehen wird, infiziert hat, dann müssten wir allein in Deutschland mit 400 000 Todesfällen rechnen, selbst dann, wenn auf diesem Weg das Gesundheitssystem nicht überfordert würde.

Diese drei Argumente sprechen zunächst für einen Strategiewechsel von Delay zu Containment:

Die aktuellen Maßnahmen sollten so ausgestaltet und fortgeführt werden, dass sie nicht lediglich auf eine Verzögerung des Anstiegs der Infizierten, sondern auf einen Stopp weiterer Infektionen zielen. Wenn diese Maßnahmen zeitlich befristet sind und als solche angekündigt werden, können auch drastische Eingriffe in das Selbstbestimmungsrecht akzeptabel sein.

Die Strategie des Containments sollte von einem konsequenten Schutz der besonders Gefährdeten begleitet sein. Die Daten aus Italien zeigen zweifelsfrei, dass das individuelle Risiko bei Covid-19 extrem ungleich verteilt ist. Über 99 Prozent der Verstorbenen hatten eine oder mehrere, oft massive Vorerkrankungen, ein Fünftel hatte zum Beispiel eine akute Krebserkrankung, ein Drittel eine Herzerkrankung, ein weiteres Drittel Diabetes mellitus. Das Durchschnittsalter der Verstorbenen lag in Italien bei knapp über 80 Jahren, 70 Prozent davon Männer. Frauen, die jünger als 70 Jahre sind, haben ein minimales Sterberisiko bei einer Infektion, Männer, die unter 60 Jahre alt sind, ebenfalls (Studie des Istituto Superiore di Sanità vom 17. März). Unter den mit Covid-19 Verstorbenen waren lediglich 0,8 Prozent unter 50 Jahre alt. Daraus lässt sich, statistisch gestützt, der Schluss ziehen, dass die Letalität der neuen Infektionskrankheit massiv, um mindestens den Faktor 100, sinken würde, wenn die Gruppen der Gefährdeten (Hochbetagte, an schweren Krankheiten Leidende, Immunsupprimierte) konsequent vor Infektionen geschützt würden.

Prinzipiell lässt sich die weitere Ausbreitung einer Infektionskrankheit zu einem beliebigen Zeitpunkt dadurch stoppen, dass die Infektionswege für eine hinreichende Zeit, je nach Dauer der Inkubation und der Ansteckbarkeit, unterbrochen werden. Je mehr Menschen infiziert sind, desto schwieriger ist es, konsequent alle Infektionswege zu unterbrechen, und desto gravierender sind die Folgen für Wirtschaft, Gesellschaft und Kultur. Es mag daher durchaus sein, dass der Stopp der weiteren Ausbreitung sich in Deutschland nicht mehr erreichen lässt.

Der Plan B bestünde dann darin, die auf Containment gerichteten, zeitlich befristeten Maßnahmen für die Allgemeinheit zu lockern oder aufzuheben, den Schutz der Gefährdeten aber zu verstärken (Cocooning). Die Jungen und Gesunden könnten wieder ihrer Arbeit und ihren Aktivitäten nachgehen, die Infektionsraten würden außerhalb der Gefährdetengruppen mit einer Letalität deutlich unter derjenigen einer saisonalen Grippeinfektion weitergehen, die Alten und Vorerkrankten könnten auf die Unterstützung der durch Infektion Immunisierten setzen. Wirtschaft und Gesellschaft blieben intakt. Die Epidemie klänge rasch wieder ab, und die Mortalität bliebe auf niedrigem Niveau. Konsequentes Cocooning könnte uns auch dann, wenn Containment scheiterte, vor einer menschlichen, ökonomischen, sozialen und kulturellen Katastrophe bewahren. Cocooning heißt Containment in den am meisten gefährdeten Gruppen der Gesellschaft und Herstellung eines hohen Immunitätsniveaus in der Gesamtbevölkerung. Auch mit dieser Strategie werden Todesfälle, auch in den jüngeren Jahrgängen, unvermeidlich sein, aber konsequent umgesetzt, würde sich deren Zahl auf etwa ein Hundertstel reduzieren, und die ökonomischen, sozialen und kulturellen Folgen der Krise wären wieder beherrschbar.

»Angst macht aus Bürgern Untertanen«
(*Die Welt*, 17. April 2020[54])

Welt: Noch vor Kurzem sprachen viele von den Fehlern nach der Einheit, den Langzeitfolgen der Finanzkrise, der Griechenlandrettung und der Migrationskrise und dem Anstieg des Rechtsradikalismus als einer Kette staatlich-politischer Kontrollverluste, die das Vertrauen in den normativen Grundkonsens der Gesellschaft zerstört hätten. Heute hat die Corona-Epidemie alles andere vorübergehend neutralisiert, weil eine ganze Gesellschaft infiziert ist, wie der Soziologe Armin Nassehi sagt. Wann haben Sie die Dimension dieser Krise wirklich erkannt?

Nida-Rümelin: Ich empfand die Kommunikation vonseiten der WHO von Anbeginn als fahrlässig, nach dem Motto: Wir informieren euch, wie groß das Risiko, sich zu infizieren, in welchen Regionen der Welt gerade ist. Aber darum geht es ja gerade nicht, denn nur ganz zu Beginn, wenn sich nur wenige Menschen infiziert haben, kann die Eindämmung durch Nachverfolgung der Infektionen in jedem einzelnen Fall gelingen, also zu einem Zeitpunkt, zu dem das Infektionsrisiko noch extrem gering ist und eigentlich niemand sich aktuell Sorgen machen muss. Das hängt mit den Eigenschaften von Potenzfunktionen zusammen, aber Mathematik gehört leider nicht zur Allgemeinbildung. Die Krise der Demokratie in vielen westlichen Staaten währt allerdings schon viele Jahre, die Corona-Pandemie wirkt hier wie ein weiterer Stresstest.

Welt: Was waren die vorherigen Gründe für das mangelnde Demokratieverständnis?

Nida-Rümelin: Die Demokratiekrise hat zahlreiche Ursachen. Eine wichtige Rolle spielt das verbreitete Gefühl, dass die Politik bei großen Aufgaben versage, dass ein Teil der Gesellschaft am Fortschritt nicht mehr teilhabe, dass er sozial abgehängt werde, aber auch, dass die Nationalstaaten in Zeiten der Globalisierung und der Migration vertraute Sicherheiten nicht mehr garantieren können. Eine weitere wichtige Rolle spielt ein falsches Demokratieverständnis. Demokratie besteht nicht schlicht darin, dass die Mehrheit bestimmt. Ohne individuelle Rechte und Freiheiten, ohne Rechtsstaatlichkeit und ohne soziale Solidarität kann es keine Demokratie geben. Die freiheitliche und soziale Demokratie hat eine spezifische Rationalität, die man erst einmal verstehen muss, um ihre aktuellen Gefährdungen zu erkennen und zu bannen.

Welt: Die Mehrheit der Deutschen folgt den Vorgaben der Politik und der Wissenschaftler, man kann sagen, aus Einsicht, vielleicht Angst, aber auch Vertrauen, das zu einer Art freiwilliger Selbstkontrolle führt. Wieso wird dieses doch bemerkenswerte Verhalten herzlos denunziert als »Untertanengeist«, »Massenhysterie«, »Rausch des Notstands« oder »Kastration des Grundgesetzes«?

Nida-Rümelin: Es ist gut, dass die allermeisten Menschen in Europa bereit sind, sich kooperativ und besonnen zu verhalten. Die ersten Erfolge hängen vor allem mit dieser Bereitschaft zusammen. Zugleich aber muss immer klar sein, wir leben auch in einer schweren Gesundheitskrise in einer Demokratie und nicht in einer Diktatur. Diskussionen über den langfristig richtigen Weg aus der Krise sind nicht nur erlaubt, sondern lebensnotwendig. Die Politik ist in der Demokratie auf den Sachverstand aus unterschiedlichen wissenschaftlichen Disziplinen und das Mitdenken und Mitwirken der Bürgerschaft angewiesen. Die Botschaft aus der Politik, dafür, über Wege aus dem Shutdown zu diskutieren, sei es noch zu früh, setzt die falschen Signale. Für Diskussionen ist es nie zu früh! Erfreulicherweise hat es in den vergangenen Tagen eine Kehrtwende gegeben, die Debatten sind eröffnet, und das tut der Demokratie in der Krise gut.

Welt: Auch wenn zur Wahrheit und Klarheit dazugehört anzuerkennen, dass die demokratischen Kräfte in den vergangenen Krisen massiven Fehleinschätzungen aufgesessen sind und eine Politik des lediglich pragmatischen Durchwurstelns (Fahren auf Sicht) die Tendenz hat, vor großen Herausforderungen zu versagen: Die jetzige Krise ist beispiellos, es gibt keine Blaupause. Was also anderes können Politik, Wissenschaft und Gesellschaft angesichts von Corona heute tun, als im Trial-and-Error-Verfahren voranzukommen und, wie der Soziologe Andreas Reckwitz sagt, als »kooperierende Bürger« die »Prävention der kollektiven Gefährdung vor ihre individuellen Interessen [zu] stellen«?

Nida-Rümelin: Trial-and-Error setzt voraus, dass unterschiedliche Strategien theoretisch geprüft und bei positivem Ergebnis einem Praxistest unterzogen werden. Wenn alle Länder in Europa dieselben Strategien verfolgen – und es gab in den vergangenen Wochen einen immensen Druck, das sicherzustellen –, kann Trial-and-Error nicht gelingen. Bislang kann man lediglich sagen, dass das erfolgreichste demokratische Land weltweit in der Bekämpfung der Krise Südkorea ist. Es hat keinen allgemeinen Shutdown, setzt Handy-Tracking ein, mobilisiert Freiwillige, schützt die Gefährdeten und würgt die Ökonomie nicht im gleichen Maße ab wie die meisten europäischen Staaten. Die von mir geleitete Parmenides Foundation bei München entwickelt gegenwärtig digitale Tools, um von allgemeinen, alle gleichermaßen betreffenden, mäßig effektiven, aber mit schweren Nebenwirkungen belasteten Maßnahmen zu spezifischen, an den besonderen Risiken der jeweiligen Personen ausgerichteten, effektiven Maßnahmen übergehen zu können.

Welt: Blüht unsere Demokratie neu auf, zeigt sie ihr lebendiges Gesicht oder nur die Notstandsvisage? Demokratie will eben mehr sein als nur eine Staatsform, sie ist eine Lebensform.

Nida-Rümelin: Ja, das ist die vielleicht zentrale These meines Buches:[55] Der philosophische und politische Liberalismus, der im 18. und 19. Jahrhundert die Grundlagen der modernen Demokratie gelegt hat, hat eine Schwäche, die Entkoppelung von Politik und Kultur, von Demokratie und Lebensform. Eine Demokratie kann nur gedeihen, wenn sie mit einer Kultur der Zivilität einhergeht. Sie verlangt uns etwas ab, zum Beispiel zuzuhören, wenn andere anderer Meinung sind, respektvoll miteinander auch im Alltag umzugehen. Die demokratische Staatsordnung ist auf Dauer ohne eine zivile Gesellschaft nicht lebensfähig. Ich bin zuversichtlich, dass die Demokratie als Lebensform aus der Coronakrise gestärkt hervorgehen kann, wenn sich zeigt, dass die Demokratie handlungsfähig ist, auch im föderalen Staat, und allen Neigungen zur Selbstbeschädigung widersteht.

Welt: Wie das Amen in der Kirche wird hierzulande auf Globalisierung und Kapitalismus geschimpft, ohne auf deren substanzielle Kraft einzugehen. Man hat das Gefühl, 30 Jahre nach dem Ende des Staatssozialismus wird der wieder zum Ideal. Ist dieses Spiel mit der »Systemfrage«, das sowohl die Linke wie die Rechte pflegt, nicht unverzeihlich und empörend angesichts der Errungenschaften der Demokratie? Ist dies der Preis der schwindenden Erinnerung an Nationalsozialismus und Kommunismus, also der Geschichtslosigkeit der nachkommenden Generationen?

Nida-Rümelin: In der Nachkriegszeit war so gut wie allen klar, dass sich die Tragödie der NS-Diktatur nur bannen lässt, wenn ein Gleichgewicht zwischen ökonomischem Markt und Sozialstaatlichkeit hergestellt wird – das, was als soziale Marktwirtschaft bezeichnet wurde. Ich bin der Überzeugung, dass die Konkurrenz des Marktes unverzichtbar ist, dass diese aber rechtlich, politisch und sozial eingebettet sein muss. Der Marktradikalismus gefährdet diese Einbettung ebenso wie Visionen einer verstaatlichten Wirtschaft. Vermutlich werden wir durch diese Krise lernen, wie wichtig ein funktionierender Sozialstaat und die öffentliche Daseinsvorsorge ist, ein Blick auf die Situation in den USA genügt.

Welt: Das Wort von der »Solidarität« ist in aller Munde, nicht nur von Kirchenführern, sondern auch wieder einmal vom Bundespräsidenten. Ein vermeintlich harmloses Wort mit grundstürzenden Konsequenzen. Wie verhält es sich zu Freiheit und Gleichheit?

Nida-Rümelin: Freiheit und Gleichheit sind die spezifisch modernen Werte oder Normen, deren Erkenntnis das Ende des Feudalismus in Europa einleitete. Solidarität hat es auch in den feudalen Gesellschaften gegeben, und doch ist Solidarität, als Bindung und Unterstützung, in der Familie, in der größeren kulturellen Gemeinschaft, der Bürgerschaft, ja der Weltgesellschaft unverzichtbar. Staatliche Institutionen können Solidarität durch Anspruchsrechte und Garantien stützen, aber nicht ersetzen.

Welt: Der normale Mensch ist kein Globalist, sondern regional und kommunal verankert. Können wir nach der großen

Corona-Lektion, die ja immer noch vor uns liegt, wieder auf den Bürger als lauteren Citoyen, der sich immer auch in den anderen hineindenken kann, setzen?

Nida-Rümelin: Wir sind immer beides, *Bourgeois* und *Citoyen*, in dem Sinne, wie diese Begriffe von Jean-Jacques Rousseau verstanden wurden, wir orientieren uns an unserem eigenen Wohl und dem der Nahestehenden, und auf der anderen Seite sind wir auch politische Wesen, die sich für das gemeine Wohl interessieren und engagieren. Ohne Citoyens lässt sich die Krise nicht bewältigen. Zur Demokratie gehört die Einsicht, dass Politik kein einfaches Geschäft ist. Niemand kann ernsthaft daran ein Interesse haben, dass die jeweiligen Stimmungen in der Bevölkerung in politische Taten umgemünzt werden. Komplettes Chaos wäre die Folge. Dafür zu sorgen, dass Einzelentscheidungen zusammenpassen, dass sie sich finanzieren lassen, dass die Politik insgesamt über ihre verschiedenen Ressorts hinweg kohärent ist, ist kein Kinderspiel, und deswegen ist eine entwickelte Demokratie von Repräsentation und Expertise bestimmt. Die populistische Gefahr besteht gerade darin, diese fundamentale Einsicht aufzugeben.

Welt: Für viele Linke ist und bleibt die Demokratie »Illusionstheater«, sie glauben nicht an das »Wahre, Gute und Schöne«, weil sie davon überzeugt sind, dass Klasse und Kultur unversöhnlich sind. Ihr notorischer Dissens ist unvereinbar mit pragmatischer Politik. Und auf die kommt es doch an: sei es in der sozialen Frage, beim Klima oder wie jetzt auch in der Bekämpfung einer Pandemie.

Nida-Rümelin: Ja, es gibt linke anti-demokratische Tendenzen. Klassenkampftheorien sind mit demokratischer politischer Praxis ebenso wenig vereinbar wie Theorien der völkischen Identität. Ohne Zentristen, solche, die den Laden zusammenhalten, die versuchen auszugleichen, die die Gemeinsamkeiten und nicht die Gegensätze betonen, ist jede Demokratie gefährdet. Ich bin in diesem Sinne selbst immer Zentrist gewesen und habe mich in politische Debatten eingemischt, um Orientierung zu vermitteln. Das halte ich auch jetzt so.

Welt: Wir wollen eine Gesellschaft des Respektes und der wechselseitigen Anerkennung. Das zeigt die Würdigung, ja erst einmal Sichtbarwerdung der ganzen Dienstleistungsberufe. Steven Pinker spricht davon, die »Tragik des Lebens durch Optimismus« zu minimieren. Brauchen Demokratie und Politik eine neue Spiritualität?

Nida-Rümelin: Ja, ohne ein gewisses Maß an Optimismus wäre eine Demokratie nicht lebensfähig. Ein Übermaß an Angst macht aus Bürgern Untertanen, die Sehnsucht nach autoritärer Führung nimmt zu, und das Vertrauen in die eigene Urteilskraft sinkt. Das muss uns auch in dieser Krise eine Warnung sein: Verwechselt das Gebot der Vorsicht, der Rücksicht und Umsicht nicht mit Ängstlichkeit. Ängstliche Menschen gefährden sich und andere oft mehr als mutige, aber kluge. Manche beziehen ihren Optimismus aus religiösen oder spirituellen Erfahrungen, andere vertrauen auf humanistische Werte und Normen. Beides schließt sich nicht aus.

Welt: Produktivitätssteigerung, Landflucht, soziale Desintegration, Krisenanfälligkeit, Gefühl politischen Kontrollverlustes, alle diese großen Linien, die sich in tragischer Wiederholung durch die letzten Jahrhunderte zogen, sind durch Corona nicht verschwunden. Wie kann man da Optimist sein?

Nida-Rümelin: Ich bin Optimist, was die politischen Gestaltungsmöglichkeiten angeht, ich bin Pessimist, wenn man auf die Eigendynamiken globaler Märkte und digitaler Technologien allein vertraut. Die Nutzung von Produktivitätspotenzialen für humane Zwecke, für ein besseres Leben, bessere Arbeitsbedingungen und eine intakte Umwelt bedarf intelligenter, international abgestimmter Politik, davon sind wir gegenwärtig leider weit entfernt, und es besteht die Gefahr eines Rückfalls in nationale Abschottung und Konkurrenz – je länger diese Krise anhält, desto mehr. Die große Weltwirtschaftskrise von 1929 und ihre sozialen und politischen Folgen müssen uns eine Warnung sein.

Welt: Eine vitale Demokratie verheißt Mobilität, Transparenz, sozialen Aufstieg durch Bildung, berufliches Vorankommen, Selbstständigkeit, Eigeninitiative, Eigentum. Wieso erleben wir Stagnation, trotz diverser Bildungsreformen und eines gigantischen Wohlfahrtsstaats? Oder gerade deswegen vielleicht?

Nida-Rümelin: Die Ausgaben für den Sozialstaat schwanken, aber sie bewegen sich seit den 1970er-Jahren prozentual auf etwa dem gleichen Niveau. Aber die Zielgenauigkeit sozialer Leistungen ist offenkundig unzureichend, das gilt besonders in der Familienpolitik. Familien mit Kindern sind immer noch massiv benachteiligt. Die in meinen Augen zu weit getriebene Akademisierung der Bildung gefährdet gegenwärtig die mittelständische, technisch-handwerklich orientierte Wirtschaft in Deutschland und hat die Chancengleichheit nicht verbessert.

Welt: Dass es von Anbeginn nicht schon europäische Maßnahmen, sondern nationalstaatliche gab, verwundert nicht. Man kommt vom Kleinen zum Großen und umgekehrt. Erstaunlich die Leistungskraft der Familie – und der Wahlverwandtschaften allerorten. Menschsein will gelernt sein.

Nida-Rümelin: Solidarität und Rücksichtnahme ist im Kleinen leichter zu organisieren als im Großen; in dieser Krise zeigt sich erneut, dass die politische Handlungsfähigkeit und der Vertrauensvorschuss der Bürgerschaft noch am ehesten im nationalen oder subnationalen Rahmen, also in den Ländern in Deutschland, auch in den Kommunen, gegeben sind. Subsidiarität ist eine vernünftige Konzeption: Größere Einheiten sind erst dann legitimiert, wenn die unteren Einheiten von der Aufgabe überfordert wären.

Welt: Demokratie für das 21. Jahrhundert kann nur eine Leitkultur haben, die des Humanismus. Es kann keine »illiberale« Demokratie geben, sondern nur eine empathiefähige.

Nida-Rümelin: Eine illiberale oder unsoziale Demokratie ist ein Widerspruch in sich. Ohne garantierte Freiheitsrechte und ohne Sozialstaatlichkeit kann es keine Demokratie im Sinne einer politischen Ordnung geben, die für alle zustimmungsfähig ist. Die Demokratie als Staatsform ist aber auch eine Lebensform, sie ist abhängig von einer Zivilkultur des wechselseitigen Respekts, der Rücksichtnahme und der Solidarität. In einer Krise wie der aktuellen tritt das wieder deutlicher ins Bewusstsein.

»Der Maßstab heißt Grippe – Um der Pandemie zu begegnen, müssen wir unseren Umgang mit Risiken neu definieren« *(DER SPIEGEL 18/2020)*[56]

Bis jetzt ist der Kelch an uns vorübergegangen. Die schrecklichen Bilder aus den überforderten Krankenhäusern Italiens haben sich hierzulande nicht wiederholt. Deutschland war gut vorbereitet und hat rechtzeitig die Kontakte beschränkt. Die Bevölkerung hat sich vernünftig verhalten, und so sind heute in der Bundesrepublik viele Intensivbetten frei.

Dahinter steht eine erstaunliche Gemeinschaftsleistung, die Anerkennung verdient. Noch sind wir aber keineswegs auf der sicheren Seite, die Krise kann sich jederzeit wieder zuspitzen, wenn wir zu unvorsichtig werden. Zugleich ist der Lockdown im Begriff, unser soziales, kulturelles und wirtschaftliches Leben zu ruinieren. Wir müssen Gesundheit, Wirtschaft und Rechtsstaat gleichermaßen schützen. So, wie wir es derzeit angehen, laufen wir Gefahr, alle drei Ziele zu verfehlen.

Der Lockdown am 22. März war richtig, weil die Neuinfektionen zuvor steil angestiegen und die Gesundheitsämter überfordert waren. Doch mittlerweile hat sich die Lage stabilisiert. Die exponentielle Entwicklung der Pandemie wurde unterbrochen, ein Infizierter steckt im Durchschnitt weniger als einen Menschen an. Solange wir die Reproduktionszahl unter eins halten, ist das Coronavirus zwar auf dem Rückzug. Dafür aber nehmen die Nebenwirkungen des Lockdowns exponentiell zu. Die Bürger müssen hinnehmen, dass ihre verfassungsrechtlich garantierten Freiheitsrechte enorm beschränkt werden. Zudem bringt der verordnete Ruhezustand der Volkswirtschaft viele Haushalte und Unternehmen an den Rand ihrer Existenz. Dabei geht es nicht um die Frage »Geld, Grundgesetz oder Leben« – vielmehr bedingen sich diese Ziele gegenseitig. Nur wenn die Wirtschaft funktioniert, können wir die Bürger mit grundlegenden Gütern versorgen, die Schwächeren in der Gesellschaft unterstützen und ein leistungsfähiges Gesundheitssystem aufrechterhalten. Szenarien des Münchner ifo Instituts weisen darauf hin, dass jede weitere Woche des Lockdowns volkswirtschaftliche Schäden von bis zu 50 Milliarden Euro verursachen könnte. Es droht eine Rezession, für deren Ausmaß es in der deutschen Nachkriegsgeschichte kein Beispiel gibt. Das wird nicht nur bei Wohlstand und Beschäftigung tiefe Spuren hinterlassen, sondern auch die allgemeine Lebensqualität und den Gesundheitszustand der Bevölkerung beeinträchtigen.

Wir müssen daher aus dem Lockdown so rasch wie möglich in eine Phase übergehen, die unsere Volkswirtschaft aus dem Winterschlaf aufweckt, Eingriffe in unsere Grundrechte minimiert und uns dennoch hinreichend vor einem Wiederaufflammen der Gesundheitskrise schützt. Die jetzt eingeleiteten Lockerungsmaßnahmen können diesen Anspruch nicht erfüllen. Sie würden die Republik noch viele Monate, vielleicht sogar Jahre unter das Joch der täglich wechselnden Fallzahlen stellen. Wenn sich solche unvorhersehbaren Eingriffe in Intervallen wiederholen, wirkt das zerstörerisch, auf die Wirtschaft genauso wie auf die Psychologie der Bevölkerung.

Was wie ein unlösbares Dilemma erscheint – entweder strangulieren wir die Wirtschaft und unsere Grundrechte, oder das Virus stranguliert das Gesundheitssystem –, könnte jedoch aufgelöst werden. Was wir brauchen, ist ein Weg, Wirtschaft und Gesellschaft wieder in Bewegung zu bringen, ohne die Intensivstationen zu überlasten. Dafür dürfen die Reproduktionszahl und die absolute Zahl der Infizierten nicht allein entscheidend sein. Vielmehr geht es vor allem darum, dass die Zahl der Erkrankten, die auf einer Intensivstation behandelt werden müssen, mit den entsprechenden Kapazitäten der Kliniken vereinbar bleibt.

Zugleich darf die Gesamtzahl der Neuinfektionen die Gesundheitsämter bei der Nachverfolgung von Kontakten nicht überfordern. Diese Einsicht legt einen Strategiewechsel nahe. Den richtigen Weg könnte uns der Umgang mit einer anderen Krankheit weisen, die uns seit Beginn der Zivilisation begleitet und für deren Risiken wir einen gesellschaftlich akzeptierten Umgang gefunden haben: die Grippe.

Nach Angaben des Robert Koch-Instituts sterben im Zusammenhang mit Influenza-Infektionen allein in Deutschland bis zu 25 000 Menschen jährlich, unter ihnen sind auch junge Patienten und Kinder. Dieses Risiko nehmen wir als Gesellschaft hin, ohne über Lockdowns oder auch nur eine Impfpflicht nachzudenken – es ist der unausgesprochene Preis der Freiheit und des wirtschaftlichen Wohlstands.

Mit diesem bekannten und akzeptierten Risiko als Maßstab können wir eine Strategie für den Umgang mit dem neuen Coronavirus entwerfen. Hierbei hilft uns die Tatsache, dass Covid-19 für die Bevölkerung nicht gefährlicher ist als die Grippe, wenn man bestimmte Risikogruppen und Menschen über 65 Jahren gezielt vor Infektionen schützt. Denn die Wahrscheinlichkeit, an Covid-19 zu sterben, dürfte für jüngere Altersgruppen ohne chronische Vorerkrankungen kaum größer sein als bei einer schweren Grippe. Sie liegt also um den Faktor 50 niedriger als bei Hochaltrigen.

Allerdings wäre es fatal, nur die Risikogruppen zu schützen und für den Rest der Bevölkerung alle Restriktionen aufzuheben. Selbst wenn die Erkrankungen nicht schwerer verlaufen als bei einer Grippe, würde das die Intensivkapazitäten überfordern. Neben dem besonderen Schutz der Risikogruppen muss deshalb sichergestellt sein, dass sich die Epidemie in der restlichen Bevölkerung nur langsam ausbreitet. Dies kann mit einem Konzept des Smart Distancing, also durch den Einsatz von einfachem Mund-Nasen-Schutz beim Einkaufen, in öffentlichen Transportmitteln und ähnlichen Situationen sowie der besseren Nachverfolgung von Kontakten, gewährleistet werden. Schnelltests müssen möglichst bald flächendeckend und für jedermann verfügbar sein.

Das wichtigste Kriterium eines ethisch und juristisch angemessenen Umgangs mit den Risiken von Covid-19 ist das der Verhältnismäßigkeit. In unserer Rechtsordnung stehen individuelle Freiheitsrechte nicht ohne Grund ganz am Anfang, in den Artikeln 1 bis 19 des Grundgesetzes. Jeder Bürger wählt seine Lebensform grundsätzlich in eigener Verantwortung und entscheidet über die Risiken, die er in Kauf nehmen möchte, um seine Ziele und Werte zu realisieren. Sind Eingriffe in diese Freiheiten zum Schutz anderer Rechtsgüter dennoch notwendig, verpflichtet das Grundgesetz die öffentliche Hand, sich stets für die Maßnahme mit der geringsten Eingriffsintensität zu entscheiden.

Vor diesem Hintergrund muss klargestellt werden: Es geht nicht um diskriminierende Zwangsmaßnahmen für ältere oder vorerkrankte Menschen. Ein Vorgehen, das unterschiedliche Risiken berücksichtigt, zielt nicht auf eine Benachteiligung bestimmter Bevölkerungsgruppen, sondern auf ihren besonderen Schutz. Außerdem geht es darum, die Allgemeinheit zu entlasten, was sowohl verfassungsrechtlich wie ökonomisch geboten ist. Zu diesem Zweck wäre es keineswegs notwendig, dass sehr alte und chronisch kranke Menschen auf lange Zeit zu Hause bleiben oder ihre Kontakte stark einschränken müssten. Wir müssten nur sicherstellen, dass sie mit speziellen Schutzmasken ausgestattet werden und die

Abstands- und Hygieneregeln einhalten. Dann kann ein Schutzniveau gewährleistet werden, das es auch Menschen mit besonderem Risiko erlaubt, Besuch zu empfangen oder das Haus zu verlassen. Ein weiterer wichtiger Pfeiler ist der Schutz von Altenpflegerinnen, der ebenso ernst genommen werden muss wie der Schutz des Klinikpersonals. Kommen dann noch spezielle Unterstützungsangebote der Kommunen etwa beim Einkaufen hinzu, können die Einschränkungen für Risikogruppen weiter reduziert werden.

Dass manche Menschen stärker durch das Coronavirus gefährdet sind als andere, ist keine politische Entscheidung, sondern eine biologische Tatsache. Pandemiepläne sehen folgerichtig vor, dass der Schutz auf die besonders bedrohten Gruppen zu konzentrieren ist, wenn sich die Ausbreitung des Virus nicht mehr komplett unterdrücken lässt. Gleichbehandlung nach dem Grundgesetz kann auch bedeuten, Ungleiches ungleich zu behandeln, also sachliche Unterschiede zu berücksichtigen.

Momentan werden die Grundrechte für die gesamte Bevölkerung in manchen Bereichen fast auf null gesetzt. Wenn wir auf jegliche Differenzierung verzichten, damit sich niemand diskriminiert fühlt, fallen die Einschränkungen für alle viel größer aus. Wir müssten den Lockdown aufrechterhalten, bis ein Impfstoff bereitsteht. Dies wird frühestens in einem Jahr, vielleicht deutlich später oder auch nie der Fall sein – bisher gibt es gegen keines der zahlreichen Coronaviren einen Impfstoff.

Unser Ziel muss es sein, schneller als das Virus zu werden. Ein paar zusätzliche Mitarbeiter bei den Gesundheitsämtern genügen dafür nicht. Heute werden nach einem positiven Test durch telefonische Detektivarbeit die möglichen Infektionskontakte ermittelt und dann über die Polizeibehörden Quarantäneanordnungen erlassen. Das dauert so lange, dass der Zeitraum der angeordneten Isolation häufig bereits vorüber ist, ehe der Brief beim Empfänger eintrifft.

Wir brauchen also neue Testverfahren, modernste Daten-technik und einen breiten gesellschaftlichen Konsens, wie wir mit den neuen Risiken umgehen und die gesellschaftlichen Lasten gerecht verteilen wollen. Zudem wären wir gut bera-ten, in stärkerem Maße auf die Eigenverantwortung der Men-schen und die Anpassungsfähigkeit der Unternehmen zu set-zen. Das Hygieneverhalten der deutschen Gesellschaft hat sich nachhaltig verändert. Auch die Unternehmen tun eine Menge, um in der Produktion oder im Verkauf die Sorgfalts-regeln einzuhalten. Darauf kann man aufbauen und mehr Raum für individuelle Lösungen gewähren.

Bleibt es hingegen bei einem Weg einer für Gesellschaft und Wirtschaft viel zu vorsichtigen, für das Gesundheitssys-tem aber nicht hinreichend nach Risiken differenzierten Öff-nung, so müssen wir gleichzeitig gravierenden Schaden und viele schwere Erkrankungen befürchten. Notwendig wäre es, jetzt mutiger und entschiedener die Risikogruppen zu schüt-zen und das Virus mit modernster Technik zu jagen, um Wirtschaft und Gesellschaft schnellstmöglich wieder Luft zum Atmen zu verschaffen.

»Autonomie« (*Süddeutsche Zeitung*, 23. Mai 2020)[57]

SZ: Sie tragen Vorschläge mit, wonach Risikogruppen »be-sonders zu schützen« seien, damit die Gesellschaft sonst mehr Normalität erreicht. Heißt das, sie zu isolieren, gar »wegzu-sperren«?
Julian Nida-Rümelin: Nein. Ich bin seit Anfang April öffent-lich dafür eingetreten, dass wir eine Perspektive brauchen, wir müssen Licht am Ende des Tunnels sehen. Es sollte klar sein, ein kompletter Shutdown über längere Zeit, bis wir einen Impfstoff haben, ist nicht realisierbar. Von Beginn der Einschränkungen an war eine Diskussion nötig, nach wel-

chen Kriterien wir welche Maßnahmen ergreifen und wie wir zwei Dinge in Einklang bringen können – und nicht gegeneinander ausspielen –, nämlich Gesundheitsschutz auf der einen und ökonomische Prosperität auf der anderen Seite.

SZ: Und da kommen die Risikogruppen ins Spiel?

Julian Nida-Rümelin: Es kommt uns entgegen, was keine Statistik und kein Experte weltweit bestreiten – obwohl wir vieles sonst noch nicht wissen –, nämlich dass diese Pandemie extrem selektiv ist. In Italien hat das Istituto Superiore di Sanità 2003 Covid-19-Todesfälle im März untersucht und festgestellt, dass lediglich 0,8 Prozent ohne fest abgegrenzte schwere Grunderkrankungen waren. Das heißt, wenn es uns gelänge, diese Personengruppen vor einer Infektion zu schützen, könnten wir die Letalität um den Faktor 100 reduzieren. Daher sollten wir alles tun, damit der Gesundheitsschutz effektiver wird und ein möglichst großer Teil der Bevölkerung möglichst rasch wieder aktiv werden kann – damit unser Gesundheitssystem und die Ökonomie intakt bleiben. Dafür gibt es zwei Wege.

SZ: Welche?

Julian Nida-Rümelin: Erstens: Zwangsmaßnahmen werden nicht für alle aufrechterhalten, sondern nur für diejenigen, die am meisten betroffen sind. Oder zweitens – und das ist der Weg, den ich befürworte: Wir leben in einer freiheitlichen Gesellschaft, letztlich ist es eine Entscheidung jeder einzelnen Person, wie viel Risiko sie für sich übernehmen will. Wenn Neunzigjährige ihre Enkel sehen wollen in den letzten Lebensmonaten oder -jahren, dann dürfen wir ihnen das nicht verbieten. Zwangsmaßnahmen mögen temporär notwendig sein, um das Gesundheitssystem nicht zu überlasten – aber danach muss man so schnell wie möglich wieder auf Freiwilligkeit umstellen.

SZ: Was heißt dann »besonders schützen«?

Julian Nida-Rümelin: Zum Beispiel verhindern, dass die Menschen, die in Pflegeheimen leben, sich durchs Personal infizieren. Oder verhindern, dass eine Infektionswelle eine Krebsstation erfasst. Diese Menschen sind angewiesen darauf, dass sie geschützt werden. Solche Dinge passieren, weil wir dort nicht täglich testen, weil Schutzkleidung und Masken fehlten. Wir hören von den Fachleuten, dass auch asymptomatische Träger des Virus ansteckend sind; aber bis vor Kurzem durften Menschen ohne Symptome sich gar nicht testen lassen. Aber es kann doch nicht sein, dass wir die vulnerabelsten Gruppen einem hohen Risiko aussetzen und denken, wir bekämen es damit in den Griff, dass wir allgemeine dämpfende Maßnahmen ergreifen.

SZ: Aber bedeutet, bei ihnen das Risiko zu minimieren, nicht auch, sie zu separieren?

Julian Nida-Rümelin: Nein, Schutz heißt nicht Isolierung, heißt nicht: mittelalterliche Maßnahmen. Es geht doch um Zuwendung, um soziale Nähe, um Briefe, Anrufe, auch um Besuche, wenn man zwei Meter Abstand hält. Und zugleich muss man Infektionswege unterbrechen. Wir dürfen uns jetzt nicht alle in Ichlinge verwandeln. Der Ausdruck »soziale Distanz« ist ein Unding!

SZ: Schafft diese Krise mehr Altruismus und Kooperation oder gerade das Gegenteil?

Julian Nida-Rümelin: Prognosen sind zwar nicht Sache der Philosophie, aber zumindest Analysen. Blickt man zurück auf die letzten Wochen in verschiedenen Ländern, kann man schon feststellen: Das Ausmaß an praktizierter Solidarität ist hoch. Die Menschen halten zusammen und unterstützen sich. Sonst wäre es ja auch gar nicht möglich gewesen, dass auch die Jüngeren und Gesunden mitmachen, obwohl sie ein viel geringeres Risiko tragen. Aber man spürt jetzt auch langsam stärker, dass Menschen verzweifeln, wenn etwa kleinere Unternehmen drohen insolvent zu werden oder wenn Menschen sich vor der Arbeitslosigkeit fürchten. Da muss es klare Perspektiven und Kriterien geben, damit sich nicht Hoffnungslosigkeit breitmacht.

SZ: Wenn man Gruppen gegenüberstellt – Gefährdete, weniger Gefährdete –, ist dann nicht die Abgrenzbarkeit ein Problem? Wie weit wollen Sie in den Altersstufen nach unten gehen, um die Gefahr schwerer Erkrankung für vernachlässigenswert zu halten? Was ist mit den vielen, die dazwischen sind? Sie können ja nicht allen fitten 70-Jährigen in Deutschland sagen, dass sie nicht einkaufen gehen sollen. Sie können ihnen aber auch nicht sagen: Tut uns leid, aber alle anderen verhalten sich jetzt wieder völlig unbefangen, und ihr müsst halt sehen, wo ihr bleibt. Da reden wir doch von Millionen von Menschen, gerade bei der Demografie in Deutschland. Und was ist mit dem sozial notwendigen Kontakt zwischen allen Teilen der Gesellschaft?

Julian Nida-Rümelin: Also, wer an akutem Krebs erkrankt ist, weiß das; wer einen Herzinfarkt oder einen Hirnschlag hinter sich hat, weiß das auch; wer an Diabetes mellitus leidet, weiß das. Es ist nicht wahr, dass man die relevanten Grunderkrankungen nicht kennt. Dass es da fließende Übergänge gibt; dass man bei vielen erst ex post feststellt, dass sie eine Erkrankung hatten – gut, aber das ist doch kein Einwand dagegen, dass wir als ganze Gesellschaft uns so organisieren müssen, dass wir die Gesundheit der besonders Gefährdeten besonders schützen und zugleich nicht über längere Zeit in eine Depression hineinrutschen. Die jüngste Entwicklung geht in die richtige Richtung, wir beginnen gerade mit Risikostratifikation. Wir öffnen zum Beispiel behutsam Kindergärten und Schulen, Einkaufsläden, Grenzen. Ich hätte mir nur gewünscht, dass man schon früher im doppelten Sinne smarter vorgegangen wäre: Gefährdete effektiver schützen, um mehr Menschenleben zu retten, also risikostratifiziert vorgehen und zweitens smarter im Einsatz digitaler Mittel. Vorbild ist dabei die liberale Demokratie Südkorea. Das müssten wir bei einer möglichen zweiten Infektionswelle besser hinkriegen.

SZ: Stratifikation meint: Die Schwachen müssen sich für die Starken einschränken?

Julian Nida-Rümelin: Nein, im Gegenteil, den Starken ist ein gewisses Risiko zumutbar, damit den Schwachen geholfen werden kann. Wir dürfen nie Menschenleben gegeneinander ausspielen. Ich bin Deontologe, kein Konsequentialist. *(Konsequentalistisch nennt man Ethiken, die die Folgen von Handlungen bewerten, nicht ihren moralischen Wert an sich. Die Red.)* Deswegen warne ich davor, unterschiedliche Kategorien wie ökonomische Vorteile mit individuellem Menschenleben zu verrechnen. Viel vernünftiger ist es zu sagen: Gesundheitsschutz, Lebensschutz, ökonomische Güter, soziale und kulturelle Güter – wir sollten diese simultan im Auge behalten und für alle eine schonende Strategie haben. Doch dazu gehört auch die Verantwortung des Einzelnen.

SZ: Inwiefern?

Julian Nida-Rümelin: Ich darf das mal illustrieren: Es ist in Deutschland nicht verboten, jeden Abend eine ganze Flasche Rotwein zu trinken. Niemand wird dafür bestraft, und wir kontrollieren das nicht. Es ist aber auf Dauer nicht gesundheitsförderlich. Und das Gesundheitssystem ist belastet mit Menschen, die sich so verhalten. Es sind viele, und wir lassen es zu. Man könnte den Gesundheitsschutz wesentlich vorantreiben, wenn wir den Leuten riskante Sportarten und übermäßigen Alkoholkonsum verböten. Oder das Rauchen. Aber das machen wir nicht. Warum nicht? Weil wir davon ausgehen, dass Menschen ihr Leben in Selbstverantwortung gestalten.

SZ: Na ja, in der Öffentlichkeit haben wir das Rauchen schon verboten.

Julian Nida-Rümelin: Nein, in geschlossenen Räumen, dort, wo andere gefährdet werden. Aber wir haben generelle Freiheitsrechte. Wir sind Autorinnen und Autoren unseres eigenen Lebens. Interventionen von außen dürfen nur im absoluten Extremfall eintreten. Das kann bei solch einer Pandemie der Fall sein, oder wenn Kinder in Mitleidenschaft gezogen werden. Sonst aber verlassen wir uns auf die Selbstbestimmung von Menschen, und das ist Kern unserer Verfassungsordnung.

SZ: Aber ist nicht die Gesundheit ein klassisches Feld der Prävention, wo der Staat ziemlich aktiv ist?

Julian Nida-Rümelin: Letztlich kann ich niemanden zwingen, sich selbst nicht zu gefährden.

SZ: Eine Spannung zwischen dem Gemeinwohl und dem Verhalten des Einzelnen besteht dennoch. Es ist doch nicht so, dass man jetzt erst anfängt, die Gesundheit mit staatlichem Zwang zu verbinden. Viele Mittel der Prävention sind doch immer schon ein Eingriff in die individuelle Freiheit.

Julian Nida-Rümelin: Da muss ich Ihnen widersprechen. Es ist natürlich so, dass wir andere Menschen nicht übermäßig gefährden dürfen. Dazu dienen bestimmte Vorkehrungen. Aber wir haben zum Beispiel keine Diätvorschriften. Es ist sogar legal, sich selbst zu vergiften, ein Suizidversuch ist nicht mehr strafbar. Die Autonomie der Person ist zentral für unsere Verfassung. Die kann man mal vorübergehend einschränken, in Kriegs- oder Pandemiezeiten, aber das darf auf keinen Fall eine Selbstverständlichkeit werden, eine neue Normalität. Das hängt damit zusammen, dass wir in der Demokratie den Menschen zutrauen und ihnen zumuten, dass sie für sich selbst Verantwortung übernehmen.

SZ: Aber auch wenn das ein starker Wert ist, so gibt es doch allerlei staatliche Aktivität zugunsten der Gesundheit – von Fitnesskampagnen bis zur Diskussion über eine Zuckersteuer bei Softdrinks. Gerade in Schweden, das jetzt immer als Vorbild eines gemäßigten Kurses genannt wird, gibt es die Kombination aus Appellen an die Vernunft und sehr viel staatlicher Kontrolle.

Julian Nida-Rümelin: Ja, die skandinavischen Länder haben von jeher eine gewisse Tendenz zum Paternalismus, die mir durchaus problematisch zu sein scheint.

SZ: Wenn wir Sie richtig verstehen, spitzen Sie es also so zu: Man könne die besonders Gefährdeten identifizieren, während alle anderen alsbald von den Einschränkungen befreit werden müssten …

Julian Nida-Rümelin: Nein, da kommen wir auf ein falsches Gleis: Da müssten Sie mit Boris Palmer reden. Sie reden aber mit mir, mit Julian Nida-Rümelin. Ich habe von Anfang an gesagt: Autonomie, Autonomie, Autonomie – und zwar *aller*, auch der Älteren und der Vorerkrankten. Wir müssen uns sobald wie möglich wieder darauf verlassen können, dass die Leute selber hinreichend vernünftig sind. Das ist aktuell eine Sondersituation, da kann man mal auf Zeit, wenn klar ist, nach welchen Kriterien, Freiheiten massiv einschränken. Sonst aber nicht und für niemanden. Die Vulnerablen sind doch dankbar, wenn sie die Möglichkeit haben – nicht: den Zwang! –, sich zu schützen, und nicht gegen ihren Willen vermeidbaren Risiken ausgesetzt werden.

SZ: Warum kann dann der Eindruck entstehen, dass Ihre Abwägung utilitaristisch ist, obwohl dies Ihren philosophischen Auffassungen nicht entspricht?

Julian Nida-Rümelin: Das weiß ich nicht, man muss meine Texte schon lesen und sich vor Ideologisierungen hüten. In der Philosophie in Deutschland glaubt niemand, dass ich ein Utilitarist sei. Die Kritik des Utilitarismus war und ist von Anbeginn die Grundlage meiner gesamten praktischen Philosophie, darauf beruht auch die von mir entwickelte Risikoethik. Es hat allerdings durchaus Sinn zu untersuchen, wie sich bestimmte medizinische Maßnahmen für den Gewinn an Lebenszeit und Lebensqualität auswirken. Wenn man aber die gesamte medizinische Praxis daran ausrichtet, dann wird das Vertrauensverhältnis zwischen Arzt oder Ärztin und Patientin oder Patient tief gestört. Wenn der Eindruck entsteht, die Frage »Lohnt sich das überhaupt noch?« sei die leitende. Das wäre nach meiner Auffassung zutiefst inhuman. Es gibt ein grundsätzliches Verrechnungsverbot, in der Alltagsmoral und im Rechtssystem, an das wir uns unbedingt halten müssen, und davon sind auch meine Positionen geleitet. Wir dürfen niemanden instrumentalisieren. Ich bin Humanist, und Humanismus heißt, man orientiert sich an der individuellen Autonomie, an individuellen Rechten und Gerechtigkeit. Menschen sind keine Nummern.

SZ: Als Ideal ist das wohl Konsens, dass man das Lebensrecht nicht gegen andere Rechte abwägen kann. Aber wenn die Leute in ihrem Leben stark eingeschränkt werden zugunsten des Lebensrechtes anderer, scheint dieses Ideal bei manchen schnell zu wanken. Dass es vielleicht ein Jahr lang keine Großveranstaltungen mehr geben wird, ist für viele immer noch schwer zu akzeptieren, und trotzdem muss es wohl sein.

Julian Nida-Rümelin: Ja, das kritisiere ich ja auch nicht. Man muss sehen, wie sich das jetzt im Ganzen entwickelt, da bin ich auch nicht der Experte – ich bin Experte für Entscheidungstheorie, Risikoethik, Moralphilosophie, so etwas kann man nur interdisziplinär klären. Aber dass wir uns auf die besonders Vulnerablen konzentrieren, ist keineswegs ein herzloses Kalkül im Sinne der Starken und Gesunden, das wäre ein großes Missverständnis – sondern genau umgekehrt geht es mir die ganze Zeit um die Vermeidung von Leid und Tod der besonders Gefährdeten, gerade weil ein Menschenleben nicht verrechenbar ist.

SZ: Wie geht es nun weiter mit dem Verhältnis von Politik und Gesundheit, Wirtschaft und Moral in dieser Lockerungsphase?

Julian Nida-Rümelin: Ich habe die Sorge, dass wir wie bei der Migrationskrise 2015/16 eine zu starke Polarisierung der Gesellschaft bekommen, sodass zwischen den Gruppen kein Diskurs mehr möglich wäre. Das müssen wir verhindern. Wenn es doch zu einer zweiten Infektionswelle kommen sollte, müssen wir es so hinbekommen, dass die Gesellschaft als ganze intakt bleibt, zusammenhält, und dass wir nach klaren normativen Kriterien durch die weiteren Monate steuern, ohne dass es zu einer ökonomischen und sozialen Katastrophe kommt. Einen zweiten Shutdown sollten wir unbedingt vermeiden.

ZAHLEN UND FAKTEN

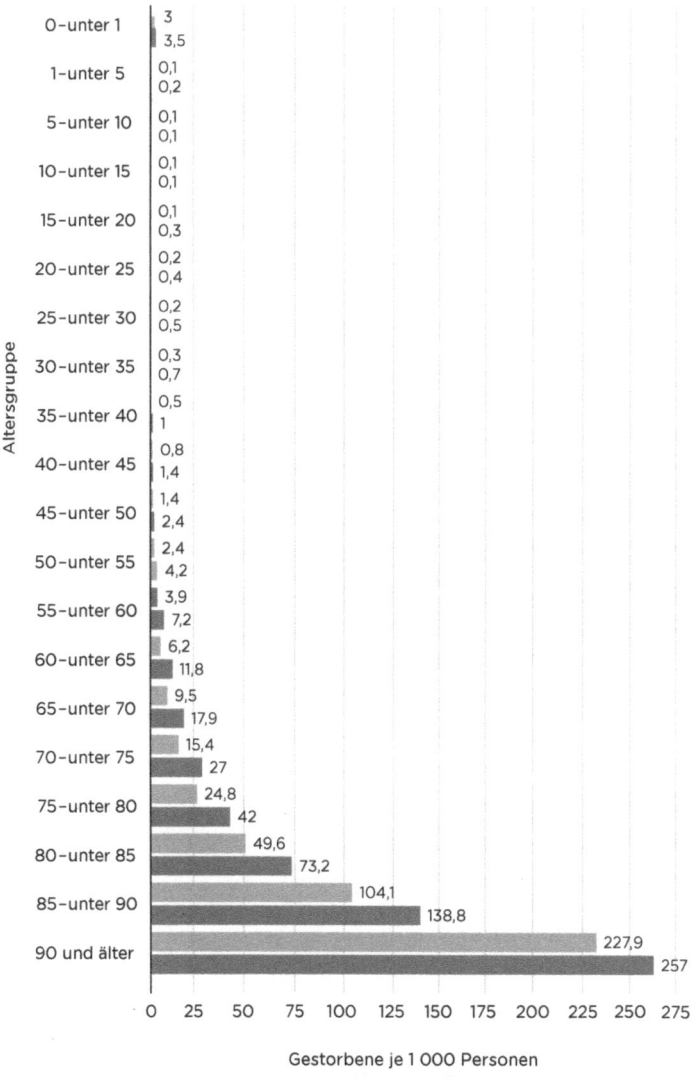

Sterbeziffern nach Alter und Geschlecht
in Deutschland im Jahr 2017

Abbildung 1: Sterbeziffern nach Alter und Geschlecht in Deutschland im Jahr 2017 (Quelle: Statistisches Bundesamt).

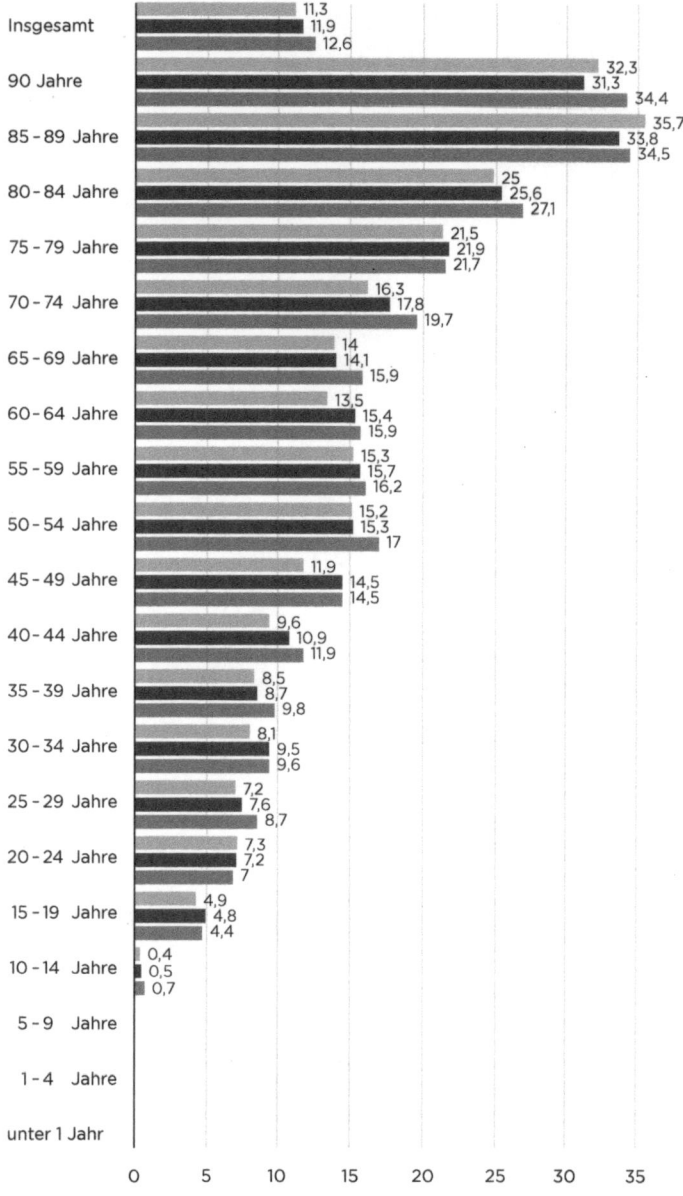

Selbstmordrate in Deutschland nach Altersgruppen in den Jahren 2014 bis 2018 (Suizide je 100 000 Einwohner)

Altersgruppe	2014	2016	2018
Insgesamt	11,3	11,9	12,6
90 Jahre	32,3	31,3	34,4
85 – 89 Jahre	35,7	33,8	34,5
80 – 84 Jahre	25	25,6	27,1
75 – 79 Jahre	21,5	21,9	21,7
70 – 74 Jahre	16,3	17,8	19,7
65 – 69 Jahre	14	14,1	15,9
60 – 64 Jahre	13,5	15,4	15,9
55 – 59 Jahre	15,3	15,7	16,2
50 – 54 Jahre	15,2	15,3	17
45 – 49 Jahre	11,9	14,5	14,5
40 – 44 Jahre	9,6	10,9	11,9
35 – 39 Jahre	8,5	8,7	9,8
30 – 34 Jahre	8,1	9,5	9,6
25 – 29 Jahre	7,2	7,6	8,7
20 – 24 Jahre	7,3	7,2	7
15 – 19 Jahre	4,9	4,8	4,4
10 – 14 Jahre	0,4	0,5	0,7
5 – 9 Jahre			
1 – 4 Jahre			
unter 1 Jahr			

Suizide je 100 000 Einwohner

● 2014 ● 2016 ● 2018

So viele Menschen starben im Jahr 2018 an folgenden Ursachengruppen

Herz-Kreislauf-Krankheiten
345 274

Krebs
238 345

Atmungssystem-Krankheiten
71 719

Psychische Befunde (Demenz)
58 053

Gewalt und Unfälle
41 554

Verdauungssystem-Krankheiten
41 074

Nervensystem-Krankheiten
34 827

Krankheiten von Ernährung und Stoffwechsel
34 640

Ungewöhnliche Befunde
32 593

Krankheiten der Harn- und Geschlechtsorgane
24 719

Abbildung 3: Die häufigsten Todesursachen in Deutschland (Quelle: Statistisches Bundesamt).

◄ *Abbildung 2:* Selbstmordrate in Deutschland (Quelle: Statistisches Bundesamt).

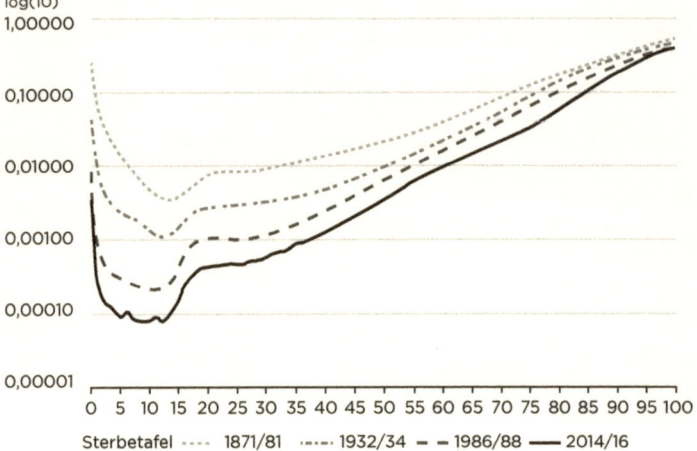

Altersspezifische Sterbewahrscheinlichkeiten* der Männer in Deutschland**

* Um die Unterschiede der Sterblichkeitsentwicklung speziell in den jungen und mittleren Altersstufen sichtbar zu machen, wird die y-Achse logarithmisch dargestellt.
** jeweiliger Gebietsstand

Abbildung 4: Altersspezifische Sterbewahrscheinlichkeiten der Männer in Deutschland. Zum Verständnis der logarithmischen Darstellung: Im Jahr 2014/16 haben sechzigjährige Männer ein etwa zehnmal so hohes Todesrisiko (0,01) wie vierzigjährige (0,001), 85-jährige Männer ein etwa hundertmal so hohes (0,1) (Quelle: Statistisches Bundesamt).

Schätzung der effektiven Reproduktionszahl R

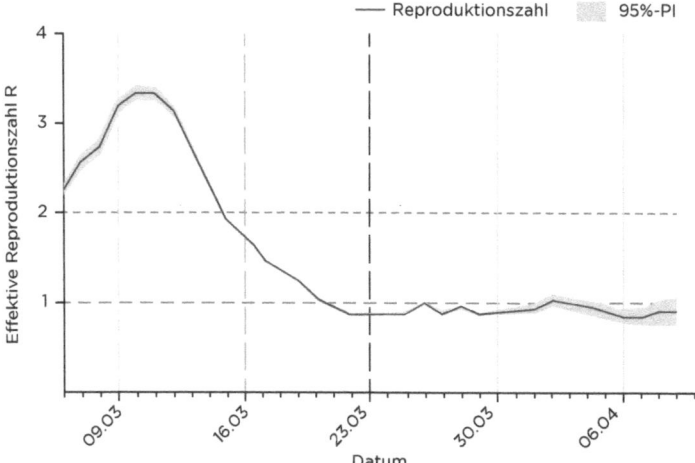

Abbildung 5: Schätzung der effektiven Reproduktionszahl R für eine ange-
nommene Generationszeit von 4 Tagen. Die gestrichelten vertikalen Linien
kennzeichnen den Start der staatlichen Maßnahmen. 9. März 2020: Presse-
konferenz mit Spahn, Wieler und Drosten, gefolgt von dem Beschluss am
10. März, Großveranstaltungen ab dem 16. März zu untersagen; 16. März:
Verbot von Großveranstaltungen und Schließungen von Schulen und Kin-
dertagesstätten; 23. März: allgemeiner, im internationalen Vergleich nur
mäßig strenger Shutdown (Schließung von Teilen des Einzelhandels, Res-
taurants usw.) (Quelle RKI).

Corona Reproduktionszahl R

Reproduktionszahl mit 95-prozentigem Konfidenzintervall, gleitender viertägiger Mittelwert laut Berechung des RKI.
Lesebeispiel: Bei einem R-Wert von **1,03** stecken 100 Erkrankte im Schnitt **103** Menschen an. Die Pandemie nimmt an Fahrt auf.

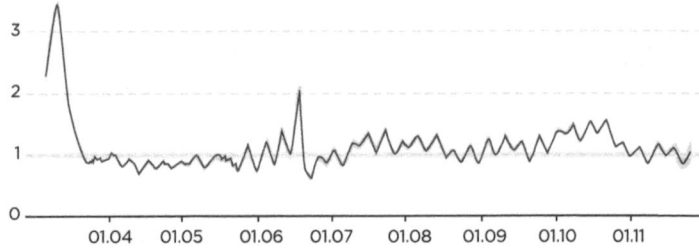

Abbildung 6: Ausbreitungsgeschwindigkeit von Covid-19 in Deutschland im Jahr 2020. Die Reproduktionszahl R wird täglich aktualisiert und ist auf der Homepage des RKI einsehbar (Quelle: RKI).

Anteil der Bevölkerung unter 15 und über 64 Jahren in den Weltregionen im Jahr 2019

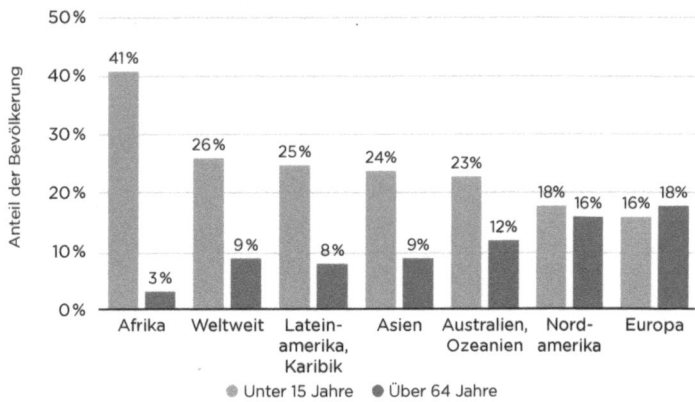

Abbildung 7: Anteil der Bevölkerung unter 15 und über 64 Jahren in den Weltregionen im Jahr 2019 (Quelle: DSW).

ANMERKUNGEN

1 Siehe zum Beispiel *Risiko ist ein Konstrukt. Wahrnehmungen zur Risikowahrnehmung.* Herausgegeben von der Bayerischen Rückversicherung, mit Beiträgen von Hermann Lübbe, Hans-Werner Sinn, Wolfgang van den Daele, Franz Holzheu, Ulrike Becker u. a., Knesebeck 1993.

2 Die gefährlichste Sportart der Welt ist Wingsuit-Fliegen, dicht gefolgt von Surfen, Motorradfahren, Drachenfliegen, Eistauchen und Reiten, Freeclimbing, Skifahren und Fallschirmspringen. (https:// eatsmarter.de/gesund-leben/news/achtung-die-9-gefaehrlichsten-sportarten-der-welt).

3 Gemeint sind Daten der Art, wie häufig es im Juni an einem bestimmten Ort zu Regenschauern kommt oder wie viel Prozent der mit Covid-19 Infizierten daran versterben etc.

4 Der russische Mathematiker Andrei Kolmogoroff präzisierte in den 1930er-Jahren den Wahrscheinlichkeitsbegriff mathematisch. Dafür entwickelte er drei Axiome: 1. Jedem zufälligen Ereignis A aus dem Wahrscheinlichkeitsfeld F ist eine Zahl zwischen 0 und 1 zugeordnet, die sogenannte Wahrscheinlichkeit von A oder $P(A)$. 2. Die Wahrscheinlichkeit des sicheren Ereignisses ist 1. F enthält U als Element. U ist die Menge der Elementarereignisse. F ist die Menge aller Teilmengen von U. 3. Wenn die Ereignisse A_1, A_2, ... A_n paarweise unvereinbar sind, dann ist $P(A_1 + A_2 + ... + A_n) = P(A_1) + P(A_2) + ... + P(A_n)$.

5 Hajat et al. in: *Journal of Epidemiology and Community Health Vol. 68 – 7*, Juli 2014.

6 Vgl. etwa Uwe Gröber/Michael F. Holick: *Vitamin D. Die Heilkraft des Sonnenvitamins*, WVG 2020, oder Eberhard Wormer: *Vitamin D*, Kopp 2014.

7 Nach Chauncey Starr werden die Konsequenzen freiwillig eingegangener Risiken mit einer bis zu 1000-mal höheren Eintrittswahrscheinlichkeit akzeptiert als unfreiwillig auferlegte. Chauncey Starr: »Social Benefit versus Technological Risk: What is our society willing to pay for safety?«, in: *Science 165* (1969).

8 Siehe etwa: Bas Kast: *Der Ernährungskompass. Das Fazit aller wissenschaftlichen Studien zum Thema Ernährung*, C. Bertelsmann 2018.

9 Ausführlich argumentiert in Julian Nida-Rümelin: *Kritik des Konsequentialismus*, Oldenbourg 1993.

10 Vgl. Gotthard Bechmann (Hrsg.): *Risiko und Gesellschaft. Grundlagen und Ergebnisse interdisziplinärer Risikoforschung*, Westdeutscher Verlag 1993.

11 Das gibt selbst der Paraglider Giuseppe Guglielmi zu, der nach einer statistischen Risikoanalyse zu folgendem Schluss kommt: »Beim Autofahren muss man demnach durchschnittlich 15 Millionen Mal das Auto bewegen (35 Milliarden/2400 Autotote), bevor man statistisch gesehen den Löffel abgibt. Im Gegensatz hierzu bist du beim Gleitschirmfliegen schon nach ungefähr dem 100000. Flug dran. Man kann also sagen, dass Gleitschirmfliegen ca. 150-mal gefährlicher ist als Autofahren (15 Millionen Fahrten zu 100 000 Flüge).« (https://www.duddefliecher.de/index.php/sicherheit/unfallanalyse).

12 Das Risiko, bei einem Verkehrsunfall getötet zu werden, lag für Benutzer und Benutzerinnen von Motorrädern im Jahr 2014 mit 14 Getöteten pro 100 000 zugelassenen Fahrzeugen um ein Mehrfaches höher als bei Pkw-Insassen, bei denen vier Personen pro 100 000 zugelassenen Fahrzeugen ums Leben kamen. Dieser Unterschied würde noch weit größer, wenn man die gefahrenen Kilometer als Vergleichsbasis wählte. (https://www.risiko-check.info/informationen/auto-motorrad.html).

13 Siehe zum Beispiel Jens Jessens Essay »Zwischen Willkür und Freiheit«, in: *Die Zeit*, Nr. 19, 29. April 2020.

14 Vgl. Julian Nida-Rümelin: *Die gefährdete Rationalität der Demokratie. Ein politischer Traktat,* Edition Körber-Stiftung 2020, Kapitel 12.

15 Genauer: Pareto-Effizienz. Ein Zustand ist pareto-effizient, wenn es nicht möglich ist, eine Person besserzustellen, ohne eine andere Person schlechterzustellen, bzw. umgekehrt: Ein Zustand ist pareto-ineffizient, wenn es möglich ist, eine Person besserzustellen, ohne eine andere Person schlechterzustellen. Eine genaue Darstellung bietet: Lucian Kern, Julian Nida-Rümelin: *Logik kollektiver Entscheidungen,* De Gruyter 1994.

16 Vgl. Julian Nida-Rümelin: *Die gefährdete Rationalität der Demokratie. Ein politischer Traktat,* Edition Körber-Stiftung 2020, Kapitel 12.

17 Vgl. den publizierten Briefwechsel zwischen dem Philosophen Jürgen Habermas und dem Verfassungsrechtler Klaus Günther: »Kein Grundrecht gilt grenzenlos«, in: *Die Zeit*, Nr. 20, 7. Mai 2020.

18 Die Anzahl der Todesfälle ist seit den Siebzigerjahren dramatisch gesunken, von fast 20 000 auf heute etwa 3000 pro Jahr. Und dies, obwohl die Zahl der gefahrenen Kilometer heute wesentlich höher ist und die Autos mit weit kräftigeren Motoren ausgestattet sind, also schneller fahren. Diese erfreuliche Entwicklung kann nicht allein auf Anschnallpflicht und passive Sicherheit zurückgeführt werden, sondern verdankt sich zu einem großen Teil dem risikovermeidenden Verhalten der Verkehrsteilnehmer.

19 Vgl. hierzu etwa andere Sterberaten: Die Mortalitätsrate beispielsweise für Ebola beträgt je nach Virusart zwischen 20 und 90 Prozent, bei SARS 96 Prozent.

20 https://www.helmholtz.de/materie/kann-ein-schwarzes-loch-die-erde-schlucken/.

21 Max Otte: *Weltsystemcrash*, Finanzbuchverlag 2019.

22 https://www.philomag.de/artikel/steven-pinker-die-welt-war-noch-nie-so-gut-wie-heute.

23 Steven Pinker: *Aufklärung jetzt. Für Vernunft, Wissenschaft, Humanismus und Fortschritt – eine Verteidigung*, S. Fischer 2018.

24 Besonders radikal hat dies der schwedische Physiker Arne Næss vertreten, für den die Integrität eines Ökosystems als solches zur Richtschnur menschlicher Praxis werden sollte.

25 Vgl. Julian Nida-Rümelin (Hrsg.): *Angewandte Ethik. Die Bereichsethiken und ihre theoretische Fundierung – ein Handbuch*, Kröner 2005, oder auch Angelika Krebs (Hrsg.): *Naturethik. Grundtexte der gegenwärtigen Tier- und ökoethischen Diskussion*, Suhrkamp 1997.

26 Vgl. »Der Maßstab heißt Grippe«, in: *Der Spiegel*, Nr. 18/2020 vom 25. April 2020 (s. Anhang), und die Reaktionen, die sich vor allem in online publizierten Leserbriefen niederschlugen.

27 An dieser Stelle stellt sich die interessante Frage, ob diese Verbindung von philosophischem Determinismus und Entscheidungstheorie genau genommen vereinbar ist. Wenn wir Handlungen nach ihren kausalen Folgen für den Weltverlauf beurteilen, aber zugestehen, dass wir nicht jeweils individuell die Einzigen sind, die entscheiden, dann scheint es nur zwei Möglichkeiten zu geben: Entweder unsere Entscheidungen sind ebenfalls Teil der umfassenden Determination, dann scheint das Bemühen um rationale Kriterien richtiger Entscheidungen gegenstandslos zu sein, dann gäbe es nichts zu wählen, weil alles immer schon festlegt. Oder aber der Weltverlauf wäre eben nicht determiniert, weil nicht nur ich selbst, sondern auch andere Personen handelnd intervenieren. Man kann es auch so formulieren: Die Möglichkeit rationaler Entscheidung setzt den Indeterminismus der Welt voraus.

28 Die SPD hatte sich über die Frage der Kriegskredite und des nationalen Burgfriedens im Vorfeld des Krieges gespalten. Der kriegskri-
tische Teil bildete die USPD und gehörte vier Jahre später zu den
treibenden Kräften der Revolution.

29 Siehe Bernard Williams: *Wahrheit und Wahrhaftigkeit*, Suhrkamp
2013, Julian Nida-Rümelin: *Demokratie und Wahrheit*, C.H. Beck
2006.

30 Stand RKI, 2. September 2020: 0,8 (nur zwischen 14.8. und 23.8. 2020
lag der Wert über 1,0).

31 Die Reproduktionszahl R tendiert bei sonst gleichen Bedingungen
einer Epidemie in Regionen mit wenigen Infizierten dazu, höher
auszufallen, als in Regionen mit vielen Infizierten, unter anderem
weil die durch überstandene Infektion schon Immunisierten die
Ausbreitungsgeschwindigkeit dämpfen, aber auch weil Fälle von Erkrankungen im sozialen Nahbereich risikoaverses Verhalten nach
sich ziehen.

32 Etwa Stefan Homburg, Professor für Öffentliche Finanzen an der Uni-
versität Hannover, aber auch der Bonner Virologe Hendrik Streeck.

33 Vgl. Julian Nida-Rümelin: *Unaufgeregter Realismus. Eine philosophische Streitschrift*, Mentis 2018.

34 Vgl. Julian Nida-Rümelin: *Die gefährdete Rationalität der Demokratie. Ein politischer Traktat*, Edition Körber-Stiftung 2020, insbesondere Kapitel 23.

35 Mit anderen Intellektuellen hat sich Julian Nida-Rümelin in einem
Aufruf für europäische Corona-Fonds eingesetzt, wie sie von Italien,
Spanien und auch Frankreich gefordert wurden. Die Bundesregierung lehnte diesen Vorschlag ab, befürwortete aber die Mobilisie-
rung von 750 Milliarden Euro zur Milderung der ökonomischen
und sozialen Auswirkungen der Corona-Maßnahmen (https://
www.zeit.de/2020/15/europa-kann-nur-weiterleben-wenn-die-
europaeer-jetzt-fuereinander-einstehen?utm_referrer=https%3A%2
F%2Fwww.google.com).

36 Vergleiche jedoch den Versuch einer vergleichenden Studie zur
Effektivität einzelner Coronamaßnahmen in 131 Ländern der Uni
versität Edinburgh (https://www.ed.ac.uk/research/latest-research-
news/multiple-measures-boost-covid-fight-study-finds).

37 Vgl. Michael Fleischhacker (Hg.): *Corona. Chronologie einer Ent-
gleisung*, Edition QVV 2020, S. 35 f.

38 Weitere interessante Berechnungen und Einschätzungen bietet Nikil
Mukerji, Adriano Mannino: *Covid-19: Was in der Krise zählt. Über
Philosophie in Echtzeit*, Reclam 2020.

39 Nachzulesen unter https://www.bmj.com/content/371/bmj.m4087. Vgl. hierzu auch die Studie in Lancet Oncology 2020; 21: 1023–34.

40 »60 Prozent der Corona-Toten in Deutschland in Pflege«, *Frankfurter Rundschau* am 11. Juni 2020 (online unter https://www.fr.de/panorama/corona-deutschland-virologe-streeck-lockdown-womoe glich-nicht-noetig-zr-13762762.html).

41 Vgl. https://ourworldindata.org/coronavirus.

42 Siehe »Emerging COVID-19 success story: South Korea learned the lessons of MERS«, *Our World in Data*, 30. Juni 2020 (online unter https://ourworldindata.org/covid-exemplar-south-korea).

43 Addendum: *Corona*, Edition QVV 2020, S. 38.

44 Vgl. https://www.worldbank.org/en/publication/global-economic-prospects

45 Siehe John Vail: »Warum Asien nach der Pandemie besser abschneidet als Europa«, auf boerse-Muenchen.de, 28. April 2020 (online unter: https://www.boerse-muenchen.de/suedseiten/4671/Warum-Asien-nach-der-Pandemie-besser-abschneidet-als-Europa).

46 Siehe https://france3-regions.francetvinfo.fr/provence-alpes-cote-d-azur/var/toulon/toulon-il-ne-reste-plus-que-deux-marins-du-charles-gaulle-positifs-au-coronavirus-hopital-1813266.html.

47 Island hatte daher schon im Mai 2020 beschlossen, die Schulen, Kindergärten und Krippen wieder auf Normalbetrieb zu fahren, weil die staatlichen Behörden zu dem Ergebnis kamen, dass von dort kein übermäßiges Infektionsrisiko ausgeht, anders als bei einer Grippe.

48 Eine frühe Fassung dieses Kapitels erschien in der *Welt* am 22. Juni 2020.

49 Aktuelle Zahlen zur HIV-Statistik in Deutschland und weltweit unter: https://www.aidshilfe.de/hiv-statistik-deutschland-weltweit.

50 Siehe Gudrun Heise: »WHO-Richtlinien zu HIV und Risikogruppen«, Deutsche Welle vom 11. Juli 2014 (online unter: https://www.dw.com/de/who-richtlinien-zu-hiv-und-risikogruppen/a-17776562).

51 Als Grippesaison wird laut RKI der Zeitraum bezeichnet, in dem Influenzaviren hauptsächlich zirkulieren. Das ist auf der nördlichen Halbkugel üblicherweise zwischen der 40. Kalenderwoche (Anfang Oktober) und der 20. Kalenderwoche (Mitte Mai) der Fall (online unter: https://www.rki.de/SharedDocs/FAQ/Influenza/FAQ26.html).

52 Zum Beispiel: »Er sitzt da vor einer dunklen Wand (…) mit etwas wirren Haaren«, in der *NZZ* vom 21. März 2020 über Wolfgang Wodarg.

53 Der von mir vorgesehene Titel lautete »Ein Vorschlag zur Bewältigung der Corona-Krise«.

54 Text wie freigegeben.

55 *Die gefährdete Rationalität der Demokratie*, Edition Körber-Stiftung 2020.

56 »Ein gemeinsamer interdisziplinärer Appell des Hallenser Medizin-professors und Epidemiologen Alexander Kekulé, des Münchner Philosophieprofessors und Ethikers Julian Nida-Rümelin, des Tübinger Oberbürgermeisters Boris Palmer, des früheren Chefs der Wirtschaftsweisen und Präsidenten des RWI Christoph Schmidt, des Schweizer Ökonomen und Professors für Internationale Wirtschaftsbeziehungen Thomas Straubhaar sowie der Potsdamer Schriftstellerin und Richterin am Brandenburger Verfassungsgericht Juli Zeh«. Text wie publiziert (Copyright: DER SPIEGEL 18/2020).

57 Text wie freigegeben.

NACHWORT VON
JULIAN NIDA-RÜMELIN

In diesem Buch, dessen Manuskript im Sommer 2020 fertig-
gestellt wurde, plädieren wir für ein realistisches Verständnis
von Risiken und für eine ethisch begründete Risikopraxis.
Neben dieser zeitlosen Thematik ist dieses Buch von einer
zeitbedingten Herausforderung geprägt: Die aktuelle Coronakrise, eine Pandemie, die die Welt auch am letzten Tag des Jahres 2020, an dem ich dieses Nachwort verfasse, in Atem hält.
   Die Situation stellt sich von Tag zu Tag verändert dar, zuletzt haben in Nordamerika und Europa mitten in der Weih-
nachtszeit die Impfungen begonnen, auf die alle Länder große
Hoffnungen setzen. Die nun bestehende Möglichkeit, sich
impfen zu lassen, wirft neue ethische Fragen auf, zu denen die
der Priorisierung gehört, denn die verfügbaren Impfdosen
werden noch über viele Monate bei Weitem nicht ausreichen,
um die Gesamtbevölkerung zu versorgen. Ich habe schon vor
vielen Monaten dafür plädiert (das lässt sich in diesem Band
nachlesen), risikostratifiziert vorzugehen und diejenigen Personen, die einem besonders hohen Risiko ausgesetzt sind, das
insbesondere mit dem Alter und Vorerkrankungen zusammenhängt, auch besonders zu schützen. Vorschläge dieser
Art wurden mit unterschiedlichen Argumenten abgelehnt:
Die Zahl der Personen, die Risikogruppen in Deutschland
und anderen Ländern mit vergleichbarem Altersaufbau ange-
hörten, sei viel zu groß (so auch noch die Bundeskanzlerin
vor wenigen Wochen); die Differenzierung nach Alter und
Vorerkrankungen führe zwangsläufig zu Diskriminierungen

oder, wie gegen alle verfügbaren Statistiken hartnäckig behauptet wurde, unabhängig von Alter und Vorerkrankungen seien die Risiken für alle vergleichbar hoch, auch Jüngere müssten mit schweren Krankheitsverläufen und Todesfällen rechnen, und daher sei eine solche Differenzierung unzulässig oder unmöglich. Unterdessen hat die Bundesregierung gestützt auf eine Stellungnahme einer aus drei Institutionen zusammengesetzten Kommission (Ständige Impfkommission, Nationale Akademie der Wissenschaften Leopoldina und Deutscher Ethikrat, dem ich als stellvertretender Vorsitzender angehöre) entschieden, die Priorisierung in erster Linie an Altersgruppen auszurichten, wofür ich in den Diskussionen stark plädiert habe und worüber ich mich freue. Tatsächlich ist das Risiko, bei einer Infektion schwer zu erkranken, ein Intensivbett zu benötigen oder gar zu sterben, sehr stark vom Alter abhängig: Über das gesamte Altersspektrum variiert die Wahrscheinlichkeit, bei einer Infektion zu Tode zu kommen, um mehr als den Faktor 1000!*

Da rund 95 Prozent aller Todesfälle auf die Infizierten, die älter als 70 Jahre sind, entfallen, wird die Letalität und Morbidität von Covid-19 bei Wahl dieser deutschen Impfstrategie schon lange vor Erreichen der Herdenimmunität deutlich absinken, sodass ich die Hoffnung habe, dass zum Zeitpunkt des Erscheinens dieses Buches im Frühjahr 2021 die Pandemie in Deutschland und vielen anderen europäischen Ländern ihren Schrecken verliert. Voraussetzung dafür ist, dass die im Zulassungsverfahren behauptete und mit Vorstudien belegte Wirksamkeit der neuen Impfstoffe auch unter Hochbetagten so hoch ist wie angenommen und die Akzeptanz in der Bevölkerung ausreicht, um die am schlimmsten betroffenen Teile der Bevölkerung nachhaltig zu schützen. Zum Zeitpunkt der

---

* Vgl. Die Meta-Analyse von A. T. Levin et al.: »Assessing the Age Specificity of Infection Fatality Rates for COVID-19«, in: *European Journal of Epidemiology* 35, 8. Dezember 2020, S. 1123 – 1138.

Abfassung dieses Nachwortes ist noch nicht klar, ob die Impfung ausschließt, dass eine Person infektiös sein kann. Zudem ist die Dauer des Immunitätsschutzes nicht geklärt.

Die Verfügbarkeit eines Impfstoffs und die dadurch veränderte Praxis der Pandemiebekämpfung hat nicht nur in diesem Punkt zur gedanklichen Klärung beigetragen. So spricht niemand mehr von einer Diskriminierung, wenn denjenigen, die ein besonderes Risiko tragen, auch als Ersten oder in besonderem Umfang Schutz vor einer Erkrankung gewährt wird. Auch die merkwürdige Praxis, »Infizierte« mit »Erkrankten« in der öffentlichen Berichterstattung gleichzusetzen und diejenigen, die infiziert waren, als »Genesene« zu bezeichnen, lässt sich spätestens durch die Möglichkeit einer Impfung nicht mehr aufrechterhalten. Das Entscheidende einer Impfung ist ja, dass Personen nicht mehr erkranken, auch dann, wenn sie sich infizieren.

Aber auch unabhängig von Impfungen war klar, dass zahlreiche infizierte Personen nicht erkranken, in den unteren Altersgruppen bis zu 80 Prozent. Merkwürdigerweise hält sich aber bislang immer noch der modale Fehlschluss aus einem Faktum auf die Unmöglichkeit der Vermeidung dieses Faktums: Die Tatsache, dass ausgerechnet die vulnerabelsten Gruppen in Alten- und Pflegeheimen überproportional von Infektionen betroffen waren, wird in der öffentlichen Diskussion als Beleg dafür genommen, dass ein Schutz dieser Personen nicht möglich sei. Der viel gescholtene Oberbürgermeister Tübingens, Boris Palmer, der mit missverständlichen Äußerungen den Eindruck erweckt hatte, es sei nicht sinnvoll, sich so viel Mühe zu geben, das Leben von alten und morbiden Personen in der Coronakrise zu retten, hat gezeigt, dass es möglich ist, diese Personenkreise durch besondere Schutzmaßnahmen besonders zu schützen. Im Gegensatz zu vielen anderen Kommunen und Landkreisen in Deutschland ist es der Kommune Tübingen mittels durchdachter und konsequenter Maßnahmen gelungen, diese Risikogruppen vor

Infektionen fast völlig zu schützen. Warum dieser modale Fehlschluss auch in der Politik so beliebt ist, liegt auf der Hand: Wer die schlimmen Zahlen der Todesfälle in Alten- und Pflegeheimen durch Covid-19 als Beleg dafür nimmt, dass bei entsprechender Inzidenz automatisch auch die vulnerabelsten Gruppen betroffen sind (Schätzungen besagen, dass sich rund 60 Prozent aller Todesfälle in Europa auf diesen kleinen Teil der Bevölkerung, der nur etwa 1 Prozent ausmacht, konzentrieren), für den erübrigt sich jede Kritik an unzureichenden Schutzmaßnahmen.

Ich habe frühzeitig dafür plädiert, kostenlos FFP2-Masken für die besonders Gefährdeten zur Verfügung zu stellen, dies wurde von der Politik nachvollzogen, aber erst zum 1. Dezember 2020 – mit einer Verzögerung von fünf Monaten! Es ist mir unerklärlich, dass wir die langen Monate zwischen der ersten und der zweiten Welle der Pandemie in Deutschland und in anderen europäischen Ländern nicht genutzt haben, um uns auf den Herbst vorzubereiten. Selbst diejenigen, die hofften, dass es nicht zu einer zweiten Welle kommen würde, hatten guten Grund, sich auf diese Eventualität, deren Wahrscheinlichkeit jedenfalls nicht bei null lag, vorzubereiten. Weder die Alten- und Pflegeheime noch die Schulen, am wenigsten die Gesundheitsämter waren aber auf die zweite Welle im Spätherbst vorbereitet: Die Alten- und Pflegeheime nicht, weil ihnen die Testkapazitäten und die finanziellen und personellen Mittel für regelmäßige Testungen fehlten, die Dienste der ambulanten Pflege nicht, weil auch dort der Anteil von infizierten Personen ungewöhnlich hoch ist, und in den Schulen war es nicht möglich, Lüftungssysteme zu installieren beziehungsweise die moderne Architektur zu korrigieren, die gerne auf Fenster verzichtet, die sich öffnen lassen. Die Gesundheitsämter wurden in all den Monaten zwischen der ersten und der zweiten Welle nicht digital aufgerüstet, was ganz unabhängig von der Bewältigung der Pandemie längst überfällig ist. Zwischen dem Abklingen der ersten

Welle und dem Beginn der zweiten Welle lag fast ein halbes Jahr.

In der zweiten Welle ist Deutschland, wie andere europäische Länder, zur Shutdown-Strategie zurückgekehrt. Der sogenannte Teil-Lockdown, der allenfalls ein Teil-Shutdown war und den Freizeitbereich einschließlich der gesamten kulturellen Aktivitäten, die irreführenderweise unter Freizeit subsumiert wurden, umfasste, bewirkte keine nennenswerte Dämpfung des Infektionsgeschehens und vermittelte die problematische Botschaft, Kunst und Kultur seien in der Krise verzichtbar. Die paradoxe Folge war, dass gigantische Museumsgebäude mit großen hohen Räumen, hocheffektiven Klimaanlagen und wenigen Besuchern geschlossen wurden, während die Züge (bei einer niedrigen Gesamtauslastung) in Stoßzeiten nach wie vor ohne Reservierungspflicht und freigehaltene Sitzplätze überfüllt unterwegs waren, ebenso wie U-Bahnen und Busse. Die Abkehr von einem risikostratifizierten Vorgehen, wie es während der Sommermonate von der deutschen Politik zunehmend praktiziert wurde, hat einen hohen Preis, nämlich die Inkohärenz der Maßnahmen und damit eine sinkende Akzeptanz. Tatsächlich blieb jedoch angesichts der monatelangen Untätigkeit in Europa und Deutschland Ende des Jahres 2020 nichts anderes übrig, als einen verschärften Lockdown zu verhängen. Da der internationale Handel und das verarbeitende Gewerbe nicht so stark zurückgefahren wurden wie im Frühjahr und sich zudem die ostasiatischen Märkte durch erfolgreiches Containment von der Pandemie schon erholt hatten, waren die wirtschaftlichen Folgen des zweiten Lockdowns nicht so gravierend wie die des ersten.

Zum Zeitpunkt der Abfassung dieses Nachwortes ist allerdings offen, wie lange diese Maßnahmen noch anhalten, und damit auch, welche ökonomischen und sozialen Folgen sie insgesamt weltweit haben werden. Schon heute ist jedoch eines klar: Auch wenn Lockdown-Maßnahmen, wenn sie strikt genug sind und von den Menschen eingehalten werden, die Ausbreitung der Infektion begrenzen können, sind sie in der Gesamtbetrachtung wenig effektiv. Um es präziser zu formulieren: Sie sind effektiv hinsichtlich der Absenkung der Inzidenz, also der Zahl der in einem bestimmten Zeitraum registrierten, neuen Infizierten, sie haben jedoch gesundheitliche, ökonomische, soziale und kulturelle Folgen, die so gravierend sind, dass je nach Bewertungsmaß die Gesamtbilanz negativ ist. So schätzt die Welthungerhilfe, dass die Shutdown-Maßnahmen allein in der ersten Hälfte des Jahres 2020 30 Millionen zusätzliche Hungertote weltweit zur Folge haben werden und die Armutsbekämpfung, die seit den 1990er-Jahren gewaltige Erfolge vorzuweisen hat, um rund drei Jahrzehnte zurückgeworfen haben. Aber auch in den wohlhabenden Weltregionen führt steigende Arbeitslosigkeit zu Armut, und die Vernichtung wirtschaftlicher Existenzen gefährdet in vielen Regionen die ökonomische Substanz. Gerd Müller, Bundesminister für wirtschaftliche Zusammenarbeit und Entwicklung, ist, gestützt auf Daten seines Ministeriums, aber auch internationaler Organisationen, zu der Einschätzung gekommen, dass die Folgen der Pandemiebekämpfung in den ökonomisch wenig entwickelten Regionen der Welt mehr Todesopfer gefordert haben, als durch diese Maßnahmen vermieden wurden.

Im globalen Vergleich kann gar kein Zweifel bestehen, dass die Containment-Strategie, wie sie in Ostasien praktiziert wurde, in der Gesamtbilanz weit besser dasteht als die Methode wiederholter Lockdown-Maßnahmen. Das in Europa verbreitete Abwehrargument, es handele sich in Ostasien um eine ganz andere Kultur, daher sei das nicht vergleichbar, ist dabei nicht wirklich ernst zu nehmen. Zum einen beruht es auf einer hochproblematischen Stereotypisierung, als gäbe es *die* ostasiatische Kultur, bei allen gravierenden Unterschieden zwischen Japan, China, Thailand und so weiter, und zum anderen ist allzu offenkundig, dass damit eine kritische Aus-

einandersetzung mit Alternativen von vorneherein abge-
blockt werden soll. Es sind eben nicht nur die Diktaturen
Chinas oder Singapurs, die zum Teil mit martialischen Maßnahmen die Containment-Strategien zum Erfolg geführt haben, sondern auch die ostasiatischen Demokratien Taiwan,
Südkorea und Japan. Keine dieser drei ostasiatischen Demokratien hat zu allgemeinen Shutdown- oder Lockdown-Maßnahmen gegriffen, sie haben stattdessen frühzeitig inter-
veniert, was angesichts der mathematischen Struktur des
Infektionsgeschehens rational geboten ist. Anders als WHO
und RKI, die die Risikolage in den ersten Wochen der Pandemie abschätzten und jeweils davon ihre Empfehlungen abhängig machten, haben diese Länder schon reagiert, als sich bei
minimaler Inzidenz die Gefahr eines Kontrollverlustes ab-
zeichnete. Während Europa noch darüber diskutierte, ob es
sinnvoll sei, den internationalen Flugverkehr zu beschränken
und Quarantänemaßnahmen zu beschließen, haben sowohl
Südkorea als auch Taiwan ihr Infektionsgeschehen unter anderem mit dem Einsatz digitaler Methoden weitgehend unter
Kontrolle gebracht.

In Europa ist dagegen der Einsatz digitaler Methoden bisher ein Fehlschlag auf der ganzen Linie. Die deutsche Corona-
App wird nur bei 15 Prozent der Infektionen überhaupt eingesetzt, und ihre Daten stehen den Gesundheitsämtern nicht
zur Verfügung. Die Gesundheitsämter selbst arbeiten nach
wie vor teilweise mit Faxgeräten und Excel-Tabellen und vor
allem dem Telefon. Meine Kritik an diesen Zuständen wird
bisher noch mit dem Argument abgewehrt, dass der Daten-
schutz ein anderes Vorgehen nicht ermögliche oder – besonders abwegig – dass es die technologischen Möglichkeiten für
eine effektive Tracking-App, die den Gesundheitsämtern zur
Verfügung steht, in Deutschland nicht gebe. Es ist hier nicht
der Ort, darauf im Detail einzugehen, ich bin mir aber sicher,
dass in den kommenden Wochen dieses Thema noch eine
Rolle spielen wird, da Deutschland und Europa noch viele

Monate bevorstehen werden, in denen mit dieser Pandemie so umgegangen werden muss, dass die ökonomischen, sozialen und kulturellen Folgeschäden in Grenzen gehalten werden müssen.

In diesem Buch ist der gemeinsame Aufruf im *Spiegel* abgedruckt, der von der Zeitschriftenredaktion überschrieben wurde mit »Der Maßstab heißt Grippe«. Auch wenn diese Titelgebung irreführend war, weil es uns um ein Plädoyer für den besonderen Schutz der am meisten gefährdeten Personen ging und wir für ein risikostratifiziertes Vorgehen plädierten, wird dieser Maßstab Grippe nun spätestens mit der Impfkampagne, die Ende 2020 begonnen hat, wieder aktuell. Die saisonale Grippe ist insofern ein ethisch relevanter Maßstab, weil der über Jahrhunderte etablierte Umgang mit dieser gesundheitlichen Herausforderung als allgemein akzeptiert gelten kann. Es hat in den vergangenen Jahrzehnten auch bei heftigen Epidemien nie den Vorschlag gegeben, das öffentliche Leben herunterzufahren, Lockdown- und Shutdown-Maßnahmen zu beschließen und Strafen für unachtsames Verhalten zu verhängen. Covid-19 ist um ein Vielfaches gefährlicher als die saisonale Grippe. Meine Einschätzung vom März 2020, als die Beurteilungen noch weit divergierten, auch in der Wissenschaft, hat sich bestätigt: Eine ungehemmte Ausbreitung würde bei einer Letalität (im Sinne von *infection fatality rate*) von circa 1 Prozent zu mindestens 400 000 zusätzlichen Todesfällen durch Covid-19 führen und damit die Mortalität in der Gesamtbevölkerung um über 40 Prozent erhöhen, während selbst die schlimmsten Grippewellen sich in der Größenordnung von lediglich 2 Prozent der Todesfälle insgesamt bewegen. Wenn jedoch die in erster Linie Gefährdeten durch Impfung geschützt sind, wenn etwa die erste und zweite prioritäre Gruppe der zu Impfenden effektiv geschützt sind, würde die Letalität von Covid-19 nach den heute verfügbaren statistischen Daten unter das Niveau einer saisonalen Grippe-Epidemie in Deutschland abfallen. Wenn dann als Maßstab unser über Jahrhunderte praktizierter Umgang mit der saisonalen Grippe gilt, sollten, ja, müssten alle darüber hinausgehenden Maßnahmen beendet werden.

Bei diesem Argument bleibt allerdings unberücksichtigt, dass manche Aspekte dieser Infektionskrankheit noch nicht geklärt sind: Wie steht es um die Langzeitfolgen einer Covid-19-Erkrankung? Welche Vorerkrankungen beinhalten ein hohes Morbiditäts- und Mortalitätsrisiko auch bei Jüngeren? Wie lange wirkt eine durchgemachte Infektion immunisierend? Die Beendigung aller Maßnahmen bei Unterschreiten der Grippe-Letalitäts- und Morbiditätsschwelle hätte eine rasche Immunisierung der jüngeren Bevölkerung auch ohne Impfung zur Folge, da die Infektiosität von Sars-CoV-2 mehr als doppelt so hoch ist wie die von Influenzaviren. Umgekehrt gilt nach den Erfahrungen der letzten Monate, dass bei Aufrechterhaltung einzelner Maßnahmen, wie zum Beispiel dem Tragen von Masken oder Einschränkungen bei überdachten Großveranstaltungen, sich die Infektiosität von Sars-CoV-2 in etwa auf die der Influenzaviren einpendeln würde und sich damit die Herdenimmunität nicht erst bei 50 bis 70, sondern schon bei 20 bis 40 Prozent einstellen müsste.* Dies ist der

---

* Die Berechnung, die dieser Behauptung zugrunde liegt, ist einfach: Wenn R_0 (die Zahl der Personen, die durchschnittlich von einer infizierten Person angesteckt werden) unter 1 liegt, heißt das, dass die Zahl der in einem bestimmten Zeitraum infektiösen Personen insgesamt im Laufe der Zeit sinkt. Wenn R, wie für Sars-CoV-2 geschätzt, über 3 liegt (RKI: 3,3 bis 3,8), müssten mindestens 2 von 3 Personen immun sein, um R unter 1 zu drücken. Das wären also mindestens 66 Prozent der Bevölkerung. Die Erfahrung mit vergangenen Epidemien zeigt allerdings, dass sich die Herdenimmunität in der Regel schon vor Erreichen dieser Schwelle einstellt, was mit der unterschiedlichen Ausbreitungsgeschwindigkeit in unterschiedlichen Bevölkerungsgruppen (jüngeren, aktiveren vs. älteren, weniger mobilen) zusammenhängt. In Deutschland blieb R bis auf lokale Ausrutscher (z. B. Tönnies) über den gesamten Sommer ohne Shutdown nahe bei 1, steigt dann im Herbst noch ohne weitere Maßnahmen bis

Grund, warum auch die Befürworter eine fokussierten Strategie*, in Deutschland zum Beispiel Alexander Kekulé, eine kontrollierte Ausbreitung befürworten, die eine Überforderung der Gesundheitssysteme unwahrscheinlich macht, aber den Nachteil hat, dass die Pandemie langsamer abklingt. Ohne dämpfende Maßnahmen würde sie rechnerisch nach sechs bis sieben Wochen weitgehend kollabieren.

Die in diesem Buch beklagte Formatierung und Ideologisierung des öffentlichen Diskurses hält bis heute, den letzten Tag des Jahres 2020, an, auch wenn es unterdessen üblich geworden ist, auch auf Detailargumente sachlich zu reagieren, etwa in den Online-Angeboten der öffentlich-rechtlichen Rundfunkanstalten und der seriösen Zeitungen. Von einem diffamierungsfreien und fairen Ringen um das beste Argument sind wir jedoch weit entfernt. Die Formatierung des öffentlichen Diskurses ist unverkennbar: Auf der einen Seite diejenigen, die die staatlichen Maßnahmen prinzipiell für richtig halten und sich auf die offiziellen Stellungnahmen von WHO und RKI und den zum Chefberater avancierten Christian Drosten stützen, auf der anderen Seite die »Kritiker«, die sich an der These orientieren, Covid-19 sei nicht schlimmer als eine saisonale Grippe, und eine ungehinderte Ausbreitung der Infektion befürworten, um möglichst rasch Herdenimmunität zu erreichen. Sie stützen sich dabei auf die Mortalitätsstatistiken in Europa und der Welt, die in der Tat für das Jahr 2020 nur eine mäßige Übersterblichkeit in bestimmten Wochen aufweisen, mit dem irritierenden Ergebnis, dass die Mortalität in Deutschland in diesem Jahr vermutlich niedriger ausfallen wird als in den Vorjahren. Hier liegt allerdings

maximal 1,4, sodass sich die Herdenimmunität unter diesen Bedingungen schon bei ca. 20 bis 40 Prozent einstellen müsste. Aktuell, im winterlichen Lockdown, liegt R_0 in Deutschland deutlich unter 1 (RKI am 31.12.2020: 0,68).

* Vgl. etwa die Great-Barrington-Erklärung (https://gbdeclaration. org/die-great-barrington-declaration/).

erneut ein modaler Fehlschluss vor: Aus dem Faktum der vergleichsweise niedrigen Mortalität während der Pandemie wird geschlossen, dass diese Infektionskrankheit keiner einschränkenden Maßnahmen bedürfe. Da sich jedoch bisher lediglich wenige Prozent der europäischen Bevölkerung infiziert haben, würde eine ungehinderte Ausbreitung eine mindestens zehnfache Morbidität und Mortalität nach sich ziehen.

In Zahlen: In Deutschland versterben pro Jahr zwischen 910 000 und 960 000 Menschen. Die schwere Influenzawelle im Jahr 2017/18 hatte nach Angaben des RKI ca. 25 000 Todesfälle zur Folge, was etwa 2,6 Prozent ausmacht. Im Jahr 2020 sind in Deutschland durch Covid-19 über 30 000 Menschen verstorben, während es in diesem Jahr kaum Grippetote gab. Anzunehmen ist, dass die veränderten Verhaltensweisen in der Coronakrise das Aufkommen einer größeren Grippewelle verhindert haben. Darauf deuten auch die Zahlen aus den gemäßigten Breiten der Südhalbkugel hin, die in den dortigen Wintermonaten (Mai bis September) ebenfalls so gut wie keine Grippetoten zu beklagen hatten. Eine ungehinderte Ausbreitung von Covid-19 in Deutschland hätte die Mortalität trotz ausbleibender Grippewellen um etwa 40 Prozent erhöht, womit sich eine Gesundheitskatastrophe im Ausmaß der Spanischen Grippe nach dem Ersten Weltkrieg eingestellt hätte. Auch hier gilt: Aus dem Faktum der vergleichsweise geringen Mortalität in diesem Jahr lässt sich nicht die Ungefährlichkeit von Covid-19 ableiten, denn Gefährlichkeit wird nicht durch Daten, sondern durch Risiko-Analysen belegt.

Der Mangel an Urteilskraft zeigt sich auf der Gegenseite der Maßnahmenbefürworter in subtilerer Form: Jeder Hinweis auf die exzellente Heinsberg-Studie wird mit der Bemerkung garniert, dass sich der Autor der Studie, Hendrik Streeck, bei der Präsentation von einer Public-Relations-Agentur hat beraten lassen. Der meistzitierte Epidemiologe weltweit, John Ioannidis, wird mit seinen Studien nur im Zusammenhang mit kritischen Stimmen genannt, und zahlreiche weniger prominente kritische Stimmen von Virologen und Epidemiologen kommen nicht Wort. Besonders auffällig ist der Abwehrreflex gegenüber den herausragenden Erfolgen der ostasiatischen Eindämmungsstrategie. Begründungsfrei wird hartnäckig behauptet, diese seien nicht übertragbar, was jeder Evidenz entbehrt. Oder um ein eher harmloses Beispiel zu nennen: Nach Monaten einer verzerrenden Berichterstattung haben sich erst gegen Ende des Jahres 2020 die seriösen Medien darauf eingelassen, Bruchrechnen in ihren Darstellungen zu praktizieren, was allerdings den unerwünschten Effekt hatte, dass sich über das Jahr 2020 hinweg die USA mit ihren Fallzahlen nur noch im Mittelfeld bewegte und nicht mehr so recht als Exempel einer unverantwortlichen Laisser-faire-Coronapolitik gelten konnte. Tatsächlich war die Coronapolitik von Trump erratisch und in ihrer Rhetorik verantwortungslos, aber die Entwicklung der Fallzahlen in den USA hielt sich über das Jahr 2020 im Europa-üblichen Rahmen. Auch die Kritik an Schweden überschritt jedes Maß und unterdrückte die Tatsache, dass die schwedischen Morbiditäts- und Mortalitätszahlen zwar über denen skandinavischer Nachbarstaaten, aber weit unter denjenigen europäischer Länder lagen, die mit rigorosen und lange andauernden Lockdown- und Shutdown-Maßnahmen agiert haben, wie zum Beispiel Spanien oder Italien. Die USA müssen im Jahr 2020 101 Corona-Todesfälle pro 100 000 Einwohner beklagen, Italien 121, Spanien 107, Schweden 84, Deutschland 37, aber Japan 3, Südkorea 2 und Taiwan 0.

Der öffentliche Vernunftgebrauch scheint also auch zum Ende dieses *annus horribilis* noch verbesserungsfähig. Man möchte sich nicht ausdenken, was wäre, wenn es jetzt noch kein Licht am Ende des Tunnels in Gestalt von Impfstoffen gäbe. Würden wir dann, von Lockdown zu Lockdown taumelnd, einen ökonomischen, sozialen und kulturellen Niedergang in Kauf nehmen? Würde das demokratische System dem Druck der Frustrierten und Wütenden standhalten können? Gäbe es dann doch eine Kehrtwende zu einer risikostratifizierten Vorgehensweise? Jedenfalls befänden wir uns ohne Impfstoffe in einer Situation wachsender Ratlosigkeit und immer schwieriger zu beherrschenden Herausforderungen. Auch die finanziellen Mittel Deutschlands zur Dämpfung der ökonomischen und sozialen Folgen der Corona-Maßnahmen, würden sich im Laufe der nächsten Jahre erschöpfen.

Wenn alles gut geht, werden wir diese Fragen in der jetzigen Pandemiekrise nicht mehr beantworten müssen, aber möglicherweise stellen sie sich in der nächsten Krise. Ohne Klarheit in den Köpfen, ohne risikoethische Kompetenz und ohne Urteilskraft werden wir auch zukünftige Pandemien nicht bewältigen können. Es ist Ziel dieses Buches, dem entgegenzuwirken.

Es muss uns in den kommenden Monaten gelingen, die Pandemie so ausklingen zu lassen und in den Folgejahren zu beherrschen, dass die Maßnahmen zur Pandemiebekämpfung nicht die nächsten Generationen im Übermaß belasten, die vor weiteren großen Herausforderungen stehen: digitale Transformation, soziale Ungleichheit, Artensterben, schwindende Ressourcen, Klimakrise, Weltarmut und Migration. Dies wird nur auf der Grundlage einer starken Ökonomie, eines intakten Sozialstaats, eines wieder aufblühenden kulturellen Lebens und einer vitalen demokratischen Gesellschaft möglich sein, in der Menschen, die unterschiedlicher Auffassung sind, sich gegenseitig zuhören und sich eine begründete Meinung als Bürgerin oder Bürger bilden. Ohne eine Zivilkultur des Respekts und der Kooperationsbereitschaft über alle Unterschiede hinweg ist eine Demokratie nicht lebensfähig. Große Risiken aller Art fordern die Demokratie heraus, ja, sie können sie, wie die deutsche Geschichte zeigt, gefährden – sie solidarisch und rational zu bewältigen, kann sie stärken.

München, am 31. Dezember 2020
Julian Nida-Rümelin

DANK

Die Idee, ein Buch vor dem Hintergrund der aktuellen Erfahrungen in der Pandemiekrise zu veröffentlichen, hatte Martin Janik vom Piper-Verlag. Wir haben diese Anregung gerne aufgegriffen und ins Zentrum die philosophischen und ethischen Aspekte des Risikos gestellt. Die erste Durchsicht des Manuskripts lag in den Händen von Silke Deuringer, die redaktionelle Bearbeitung besorgte Steffen Geier, der uns wichtige Hinweise gegeben hat. Wir sind allen Mitwirkenden für die verlässliche und vertrauensvolle Kooperation dankbar. Wir bedanken uns aber auch bei allen, die sich in den vergangenen Jahren und Jahrzehnten an Diskussionen zu Risikothemen beteiligt haben – auf Tagungen und Konferenzen, in Seminaren und persönlichen Gesprächen – und auch bei unseren drei Kindern zwischen sieben und siebzehn und deren Großeltern, die diesem Buch einen sehr persönlichen Erfahrungshintergrund verschafft haben, auch wenn dieser hier nicht zur Sprache kommt. Im direkten und indirekten Austausch zeigt sich, welche Argumente unmittelbar einleuchtend sind und welche einer näheren Erläuterung bedürfen. Es ist zu hoffen, dass die Zeit des sogenannten *social distancing* bald vorbei sein wird und das gesellschaftliche Leben Gespräche und Begegnungen aller Art wieder zulässt. Die sogenannte »neue Normalität« wird hoffentlich zu großen Teilen die alte sein.

München, den 25. Januar 2021
Julian Nida-Rümelin und Nathalie Weidenfeld

Dürfen Computer alles, was sie können?

Julian Nida-Rümelin
Nathalie Weidenfeld

DIGITALER HUMANISMUS
Eine Ethik für das Zeitalter der
Künstlichen Intelligenz

Julian Nida-Rümelin /
Nathalie Weidenfeld
**Digitaler
Humanismus**
Eine Ethik für das Zeitalter
der Künstlichen Intelligenz

Piper, 224 Seiten
€ 24,00 [D], € 24,70 [A]*
ISBN 978-3-492-05837-7

Autonomer Individualverkehr und Pflege-Roboter, softwaregesteuerte Kundenkorrespondenz und Social Media, Big-Data-Ökonomie und Clever-Bots, Industrie 4.0: Die Digitalisierung hat gewaltige ökonomische, aber auch kulturelle und ethische Wirkungen. In Form eines Brückenschlags zwischen Philosophie und Science-Fiction entwickelt dieses Buch die philosophischen Grundlagen eines Digitalen Humanismus, für den die Unterscheidung zwischen menschlichem Denken, Empfinden und Handeln einerseits und softwaregesteuerten, algorithmischen Prozessen andererseits zentral ist. Eine Alternative zur Silicon-Valley-Ideologie, für die künstliche Intelligenz zum Religionsersatz zu werden droht.

Leseproben, E-Books und mehr unter **www.piper.de**

PIPER

°Cover- und Preisänderungen vorbehalten

Leugnen, vertuschen, verschweigen

Doris Reisinger /
Christoph Röhl

Nur die
Wahrheit rettet

Der Missbrauch in der katholischen
Kirche und das System Ratzinger

Piper, 352 Seiten
€ 22,00 [D], € 22,70 [A]*
ISBN 978-3-492-07069-0

Joseph Ratzinger/Papst Benedikt XVI. prägte über ein Viertel-jahrhundert die katholische Kirche entscheidend. Doch welche Rolle spielte er bei ihrem Versagen in der Missbrauchs-krise? Was wusste er? Was hätte er tun können? Was tat er? Doris Reisinger und Christoph Röhl zeichnen ein Bild dieses Mannes, das ganz anders ausfällt als die üblichen Klischees. Vor diesem Hintergrund wirkt nicht nur das Scheitern seines Pontifikats unvermeidlich, sondern womöglich sogar das Scheitern seiner Kirche.

Leseproben, E-Books und mehr unter www.piper.de

PIPER

»So lebhaft, dass im Kopf gleich ein Film zu laufen beginnt.«

*Cover- und Preisänderungen vorbehalten

Mark Honigsbaum

Das Jahrhundert der Pandemien

Eine Geschichte der Ansteckung von der Spanischen Grippe bis Covid-19

Aus dem Englischen von Monika Niehaus und Susanne Warmuth
Piper, 480 Seiten
€ 24,00 [D], € 24,70 [A]*
ISBN 978-3-492-07083-6

In den vergangenen hundert Jahren gab es verheerende Krankheiten: die Spanische Grippe, ein tragisches Erbe des Ersten Weltkriegs, eine Lungenpest in Los Angeles und die Papageienkrankheit, die in Argentinien ihren Ursprung nahm. Hinzu kamen AIDS, SARS, Ebola, Zika und schließlich: Covid-19. Dieses Buch erzählt von engagierten Krankheitsdetektiven, trägen Verwaltungsapparaten und begabten Forscherinnen. Ein fesselndes Panorama über die Grenzen der Wissenschaft und die Zukunft der Menschheit.

Leseproben, E-Books und mehr unter **www.piper.de**